社会科教育への

ケイパビリティ・アプローチ

知識
カリキュラム
教員養成

志村 喬 編著

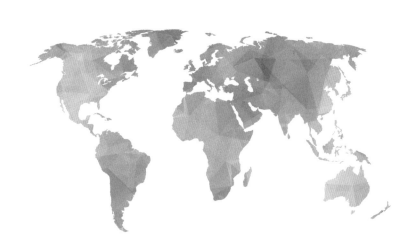

風間書房

序文：日本での刊行に寄せて
日本の社会科教育へのケイパビリティ・アプローチの導入

デビッド・ランバート

UCL（ロンドン大学）教育研究院名誉教授：地理教育

Foreword
The Capabilities Approach to Social Studies in Japan

David LAMBERT

Emeritus Professor of Geography Education, UCL Institute of Education

訳：広瀬　悠三（京都大学）

　私がはじめて短く，地理教育の領域においてケイパビリティ・アプローチのポテンシャルを探究したのは，教授就任講演においてでした（Lambert, 2009）。興味深いことにその同じ年に（しかし当時私は知りませんでしたが），ラディカル地理学・批判地理学の課題へ挑戦しそれら諸学を前進させるシンポジウム報告論文において，学界をリードする何人かの地理学者もケイパビリティのポテンシャルについて説得力をもつ論考を発表していました（Olson and Sayer, 2009）。「ケイパビリティ（capability）」は，インドの経済学者で哲学者のアマルティア・センとアメリカの人文学者で哲学者のマーサ・ヌスバウムによって協同的かつ独立的に展開された概念ですが，彼／彼女らの仕事を私が参照することは，教育現場における地理の目的と精神を明確にすることを促そうとするものでした。私にとってケイパビリティ・アプローチが魅力的であるのは，人々が自身の生活において選択しなければならない働きとして表現される自由にその基盤をもっているからです。何かになったり何かを行ったりする人々のケイパビリティ，つまり「諸機能（functionings）」は状況によって増大したり縮小したりします。したがって，センにとって貧困

はケイパビリティの剥奪を意味します。つまり，（例えば）健康サービスやきれいな水，また安全へのアクセスが欠如していることは，与えられるべき十全な機能が失われていることを表しています。ヌスバウムはさらに先へと進み，われわれがきちんとした生活を送る必要がある事物の規範的リストを生み出しました。ほとんどの人々は直ちに，教育はそのようなリストのどのようなものに関しても中心的な事柄であることに同意するでしょう。実際，教育を通して効果的に貧困軽減を達成すること，とりわけ少女と女性のための教育の役割を示すことが数多くなされてきました。ですから，何年もかけてケイパビリティ・アプローチは，いくつかの領域で生産的であることが証明されています。そして，この本の執筆者たちは，ケイパビリティ・アプローチを日本の学校の社会科教育へと応用することを考究しているのです。

　私にとってケイパビリティ・アプローチは，人類のふるさとである地球について生産的かつ批判的に考える若者の能力に対して地理教育がとくに貢献する，ということの吟味を可能にする枠組みを与えてくれました。このこと自体は若者の権利としてきわめて重要ですが，「人間の時代（age of humans）」（人新世（Anthropocene））において意義あるいかなる市民性教育でも重要な側面です。この方向の考察は，マイケル・ヤングの「力強い知識」概念から導出された理論的影響力をケイパビリティに付加し（Young 2008；Young and Lambert, 2014），別稿で余すところなく説明しています（*e.g.* Lambert, 2019）。「力強い知識（powerful knowledge）」概念を発展させるうえでのヤングの主な関心は，学校で深まっている危機として彼がみたもの，とりわけ学校のカリキュラム政策と実践に関する原則へ対処することでした。大部分の子ども・若者が力強い知識へ接する場として学校を位置づけることは，ヤングにとって学校の典型的な特徴の一つであり，それは学校を特別な場所にしています。もし，生徒たちを力強い知識に関与させるように学校へ教員や教材が配置されていなければ，学校教育という仕組みに裏切られた多くの（おそらくは大部分の）若者が，学び成長することに失敗するというリスクが

あります。何故ならば，力強い知識は，日常生活や家庭で容易には接することができない体系的で，特殊で概念的（そしてしばしば抽象的）な種類の知識だからです。力強い知識を獲得し損ねることは，少なくとも原理的には，ケイパビリティの剥奪の一面であり，このことは，イングランドの地理教師であるリャード・バスティンの博士論文全編を基に近年出版された書籍（R. Bustin, 2019）で十全に議論されている事柄です。

　しかし，どのような方法で，学校の地理は本当に「力強い知識」であると主張することができるのでしょうか？　これはトリッキーな問題です。というのも，とくに知識を構成するものについて多くの競合する理念があるからです。例えば，イングランドの諸大臣らは，E. D. ハーシュの本（Hirsch, 1988, 2007）で発せられたアメリカ的概念「中核知識（core knowledge）」─より深い概念的理解とは異なる，事実を強調した知識概念─に大きく影響を受けてきました。しかし「諸事実（facts）」は力強い知識なのでしょうか？事実自体は，おそらく力強い知識ではないでしょう。しかし，正確かつ適切に議論において活用される場合にはもちろん，事実は実際にとても力強くなります。それは，ソーシャル・メディアや一部の政治家らによってさえもますます意図的に展開されている「代替的な諸事実（alternative facts）」と名付けられているものから事実を判断するのに役立つ議論の力です。オーストラリアの地理教育学者アラリック・モード（A. Maude, 2016）によって与えられた地理における力強い知識のいわゆる諸類型がとても役に立つ一つの理由は，力強い知識はカリキュラム「内容（content）」のリストに還元され得ず，多層的な側面をもつ諸類型の理念として力強い知識を把握することを要求するためです。この本の何章かは，社会科として力強い知識がどのように表現されうるか，という問いを提起しています。

　この理念に接する教師や教員養成課程の学生らにとって，「力強い知識」の最も挑戦的な側面は，故におそらく，力強い知識は分析的概念ではなく，またただちに実用的概念にもならないということです。私が2013年から2017

年まで率いたジオ・ケイパビリティズ・プロジェクト[1]はこのジレンマに取り組みました。地理教師のリーダーシップのスキルを伸ばすことへと向けられたこのプロジェクトは，学校で質の高い有意義なカリキュラム策定責任を持つ専門家「カリキュラム・リーダー（curriculum leaders）」としての教師の考えを提案しました。これは，生徒のケイパビリティを，生徒が「力強い知識」に関与することを通して拡張するものです。そこで，すべての教師に対して問われるべき中心的な問いは次のようになります。地理の授業はどのように力強いのか？　そして，どのようにすれば自身が教える地理は力強い知識となるのか？　このプロジェクトではこれらの問いを，力強い知識の「ヴィネット（vignettes）」を創ることを通して探究しました。そして，注目すべきは，本書における何人もの著者が日本の文脈でこの技法をもっているということです。

　この本の読者は直ちに，公認のシラバスやカリキュラムの文書に記載されているような「知識（knowledge）」のリストは，せいぜい潜在的に力強いと考えられるのみである，ということが分かるでしょう（イギリスの地理教育者マーガレット・ロバーツ（M. Roberts, 2014）が強く指摘している点です）。内容が「どのように（how）」教えられるのか（イギリスでペダゴギーと呼ばれるもの）は，少なくとも，「なにが（what）」内容に選ばれるか（カリキュラムの決定）と同じくらい重要です。ジオ・ケイパビリティズは，カリキュラムとペダゴギーとを概念的に区分して捉え続けていますが，教師の日常の知的で実践的な仕事においてこれらのカテゴリーが融合する傾向があるということを受け入れています。この仕事とは，「教授学（didactics）」とヨーロッパの伝統が呼ぶものであり，ジオ・ケイパビリティズが「カリキュラムづくり」と名づけた生徒が経験する実際のカリキュラムを創り出すことです。

　当初から，ジオ・ケイパビリティズ・プロジェクトは国際的な視野に立って遂行されました（3つの助成された段階がありました）。ですから，その理念が新しい国際的な世界へと翻訳され変化することを見ることは非常に刺激的

で興奮することです。比較的小規模な国際地理教育研究の世界では長い間，
日本と実り豊かな関係が築かれ・享受されてきており，私たちを社会科教育
という幅広い専門領域へと導いてくれるこの興味深い本は，その証左なので
す。

2020年11月

注

1）www.geocapabilities.org

文献

Bustin, R. (2019): *Geography Education's Potential and the Capability Approach: GeoCapabilities and Schools.* Palgrave Macmillan, Cham. https://doi.org/10.1007/978-3-030-25642-5.

Hirsch, E. D. (1988): *Cultural Literacy: what every American needs to know.* Random House. E. D. ハーシュ〔中村保男訳〕(1989)：『教養が，国をつくる－アメリカ立て直し教育論』TBS ブリタニカ.

Hirsch, E. D. (2007): *The Knowledge deficit: closing the shocking education gap for American children.* Mariner Books.

Lambert, D. (2009): *Geography in Education: Lost in the post?* Professorial Inaugural lecture. London: Institute of Education.

Lambert, D. (2019): Geography, Capabilities and the Educated person. Shin, E. and Bednarz, S. eds. *Spatial Citizenship Education: citizenship through geography,* London: Routledge, pp. 22-40.

Maude, A. (2016). What might powerful geographical knowledge look like? *Geography,* 101 (1), pp. 70-76.

Olson, E. and Sayer A. (2009): Radical Geography and its Critical Standpoints: Embracing the Normative. *Antipode,* 41 (1), pp. 180-198. DOI: 10.1111/j.1467-8330.2008.00661.x

Roberts, M. (2014): Powerful knowledge and geographical education. *The Curriculum Journal,* 25 (2), pp. 187-209. DOI: 10.1080/09585176.2014.894481

Young, M. (2008): *Bringing Knowledge Back In: from social constructivism to social realism in the sociology of education.* Abingdon: Routledge.

Young, M. and Lambert, D. (2014): *Knowledge and the Future School: curriculum and social justice.* London: Bloomsbury.

目　次

英 文 目 次

BOOK Title

The Capabilities Approach to Social Studies in Japan:
Knowledge, curriculum and teacher education

Satoshi IBARAKI

Joetsu University of Education

Chapter 6

Social studies lesson plans as education for sustainable development based
on thought and judgment by the use of vignettes:
Collaboration of geography, history and civic education

Shigefumi NAGATA

Mie University

Chapter 7

Creating powerful lessons using subject-specific perspectives and ideas

Hyunjin KIM

Hokkaido University of Education

Part Ⅲ: From Global context

Chapter 8

Teaching history: challenges, opportunities and debates

Alison KITSON

UCL Institute of Education

序 章
国際共同研究プロジェクト「ジオ・ケイパビリティズ」の展開と日本
志村 喬*

Introduction
Development of the international collaborative research project
"GeoCapabilities" and Japan
Takashi SHIMURA*

ABSTRACT

This book is the result of the "GeoCapabilities" project in Japan, an international joint research project that began in 2017 and proceeded for four years. It is supported by the Japan Society for the Promotion of Science (JSPS). The results of this funded project have been reported internationally, including Kim *et al.* (2020) article published in a special issue for the GeoCapabilities approach on *International Research in Geographical and Environmental Education (IRGEE)*, 29(3).

Since its first international phase around 2012, this research project has attracted the attention of Japanese geography education researchers. In particular, the second phase (2013-2017), "Teacher as a Curriculum Leader," attracted attention in the social studies education circle — including geography education — and instigated organized systematic activities in Japan.

This book was written by Japanese project members and international participants, and it consists of three parts. The content shows the universality of the capabilities approach in school subject research and the characteristics of Japanese education and research. In particular, it features the process of making vignettes — that are jointly created by school teachers and researchers — which are a major feature of Japanese school pedagogical culture. We expect that this book will help to solve a problem that became internationally manifest in the GeoCapabilities project, that is, the need to connect powerful kowledge to powerful pedagogy.

----

*上越教育大学　Joetsu University of Education

1．はじめに

　開発経済学者 A. センにより提唱され哲学者・倫理学者 M. ヌスバウムとともに理論化が図られてきたケイパビリティ（capability）[1]概念は，開発経済学・厚生経済学での使用を経て，2000年代には教育学での適用が進み（Saito, 2003：Walker, 2006：馬上, 2006），2009年の『哲学・教育研究』誌特集「ケイパビリティと教育」巻頭言（Hinchcliffe and Terzi, 2009, p. 387）では，「教育に関わる研究者・著述家・思想家にとってのケイパビリティの時代がついに到来したように思われる」と記された。実際，開発教育・ジェンダー教育・特別支援教育を中心にケイパビリティの適用は国際的に進んできた。しかし，学校教育カリキュラムの中核を占める教科教育領域での適用は，ほとんど見られなかった。そのような動向下，地理教育研究界ではイギリス，フィンランド，アメリカ合衆国を拠点として，ケイパビリティを適用した国際共同研究が2010年代発生・進行した。

　「ジオ・ケイパビリティズ（Geo-Capabilities）」プロジェクトと称されるこの国際共同研究には，日本の研究者も様々な形で当初から関係したが，2017年度からは科学研究費助成事業基盤研究（B）「ケイパビリティ論に基づく社会系教科教員養成・研修システムの国際共同開発と成果発信」（代表：志村喬）を得ることで，4年間にわたり組織的に参画することができた。本書は，この国際共同研究成果を最終年度に総括しまとめたものである。

　本章は，本国際共同研究プロジェクトの理論と実際について日本と関連付けながら概説し，続く個別成果の導入とする。

2．国際共同研究「ジオ・ケイパビリティズ」プロジェクトの発生と展開

2.1．第1期（2012-2013年）：理論枠組「ジオ・ケイパビリティズ・アプローチ」の構築

　「ジオ・ケイパビリティズ」プロジェクトは，2012年から地理教育研究の世界拠点であるイギリスのロンドン大学教育研究院（IoE）地理学教室の主任教授 D. ランバート（D. Lambert）を中核に，アメリカ合衆国を拠点とした国際学会であるアメリカ地理学会（AAG）地理教育担当理事 M. ソルム（M. Solem），フィンランドのヘルシンキ大学教育学部教授（地理・環境教育学）の S. タニ（S. Tani）により開始された国際共同研究プロジェクトである。プロジェクト名が，ケイパビリティに地理を意味する Geo が冠されているように，地理教育にケイパビリティ概念を適用した研究開発プロジェクトである[2]。

　ここで最初に確認しておくべき事は，学校カリキュラムにおける地理教育の位置及びその内容の国際的異同である。グローバルに学校カリキュラムをみた場合，アメリカ合衆国では地理が社会科（教科「社会」）に統合されている。一方，イギリス（イングランド）[3]では「地理」・「歴史」・「宗教」・「シティズンシップ」という独立教科・領域全体によって社会系教育が担われている。また，フィンランドで地理は，初等教育では生物との統合教科目「環境」，中等教育では独立教科目「地理」として設定されており，社会科学と自然科学を結ぶ科目として位置づけられている（湯田, 2020）。従って，本プロジェクトの Geo（ジオ）が意味する地理教育の範囲は，日本の地理教育における地理に加え，公民（社会科学）領域・理科（自然科学）領域双方向に広がっている[4]。そこで，本章では，プロジェクト名 "Geo-Capabilities" を「ジオ・ケイパビリティズ」と表記する[5]。

　イギリス，アメリカ合衆国，フィンランドの3者により企画された第1期

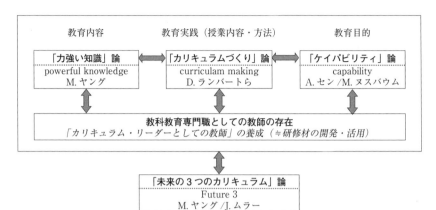

第1図　ケイパビリティズ・アプローチの理論枠組み

各種文献をもとに志村作成

ジオ・ケイパビリティズ・プロジェクトは，全米科学財団資金・アメリカ地理学会支援[6]により2013年までの2年間遂行され，成果は「ジオ・ケイパビリティズ：地理教育の目的と価値を研究するための国際的枠組みに向けて」（Solem *et al.*, 2013）及び「地理教育を通して人間の可能性を実現する：学校でのカリキュラムづくりへのケイパビリティズ・アプローチ」（Lambert *et al.*, 2015）としてまとめられ国際発信された。第1期の研究は，ケイパビリティ概念を用いて地理教育の目的・意義を国際共同研究する理論研究であり，構築された研究枠組みがケイパビリティズ・アプローチ（第1図）である。

　この理論枠組みは，ケイパビリティ，力強い知識，カリキュラムづくり，の3つの概念から構成されている。ケイパビリティは上述のように A. センと M. ヌスバウムにより提唱されたもので，人間の成長を，思考と行動の両面において自律・自由を獲得するプロセスとして捉える考え方であり，これを教育に当てはめると，教育とは学習者の将来の生き方に対して自律・自由をもたらすケイパビリティ（潜在能力）を保障し拡張することを目的としていることになる（詳細は第3章の広瀬論文を参照）。ならば，学校教育における

地理教育は，この教育目的「ケイパビリティの保障・拡張」に貢献するか否かが，本プロジェクトの最初の研究課題になる。この課題に対しては，イギリス，フィンランド，アメリカ合衆国のナショナル・カリキュラム（スタンダード）で規定されている地理教育の目的内容が比較分析された。その結果，地理科，社会科，環境科といった教科目枠組みは異なるものの，共通して次の①②③を目的として学校カリキュラムに組み込まれていることが判明し，ケイパビリティズを保障・拡張する教育であることが確認された（Solem *et al.*, 2013）。

①想像する力を用いて考え推論する能力，そして個人の自律と自由を促進する。
②シティズンシップと持続可能性に関する価値ある特徴に基づき，どのように生きるかの選択を確認し行使する。
③グローバルな経済と文化の文脈の中で，創造的で建設的な市民であることを理解する。

さらに，これら目的を達成するために，次のような地理的な知識・資質等を育むことが目指されていることもみいだされた（Lambert *et al.*, 2015）。

①深い記述的な世界知識（例：砂漠や人口の分布に関する知識で，分布の理由も含む）
②人々が生きている地球に関する関係的理解をもたらす，説明力を擁したシステム的で重要な概念的知識（例：自然環境と人間社会生活との相互関連の原理，場所・空間の相互依存関係の原理）
③特定の場所や位置の文脈のもと，代替する社会・経済・環境的未来を考えようとする性向・資質（例：所与ではなく，変わるもので・変えることができるものとしての世界認識）

そこで，授業において，何を，どのように教え・学ぶことでこれらが育まれ，ジオ・ケイパビリティズが保障・拡張されることになるのかが，次に問われることになる。これに答えるのが，「力強い知識」論と「カリキュラムづくり論」である。力強い知識（powerful knowledge）[7]は教育社会学者の

M. ヤングが，学校教育で権利として保障すべき知識として主張している知識概念であり，2010年代以降のカリキュラム研究において世界的に注視されてきた知識論である（ヤング，2017）。ヤングは，学校教育の第1の目的は，学校でしか身に付けられない知識，裏返せば日常生活では学ぶことができない知識，を子供たちに身に付けさせることであると措定し，身に付けさせるべき知識を「力強い知識（powerful knowledge）」と呼ぶのである（Young, 2010)[8]。この力強い知識（powerful knowledge）を教科教育カリキュラムに適用した場合，各教科で身に付けさせなければならない知識は，関係諸学に裏付けられた「力強い学問的知識（powerful disciplinary knowledge: PDK）」と呼ばる概念的知識であり，地理の場合は一般的に次のような特徴を有するとされた（Lambert *et al.*, 2015）。

・抽象的で理論的である（概念的である）。
・思考の体系の一部である（体系性を擁する）。
・信頼できるものであるが，異論（挑戦）に開かれている。
・動態的で進化し変化する。
・（しばしば）半直感的である。
・教師や学習者の直接経験の外部に存在する。

しかし，この教育内容は，そのまま授業内容になるわけではない。各学校・授業における教育目的をふまえるとともに，学習者である子供の状況に適応させた適切な内容と方法で授業実践されなければならない。内容であるPDK は，教科としてふさわしい知識に，学習者の状況に合わせながら組み替えられる必要がある[9]。そうであるならば，その任は実際の授業をつかさどる教師自身にあるとするのが，「カリキュラムづくり論」である（ランバート，2017）。第2図のように示される同論において教師は，ベン図の重なる中央に位置し，授業の目的・内容・方法の3要素に目配りし，カリキュラムを自主開発し実践する存在として位置づけられる。

この理論枠組みは，3カ国以外の地理教育研究者も参加する国際学会・研

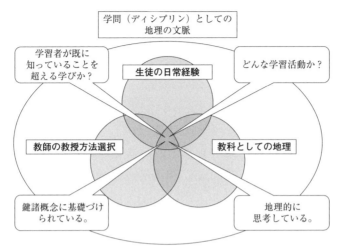

第2図　地理におけるカリキュラムづくり

ランバート (2017, p.11) を転載

究界で広く支持され第2期のプロジェクトへと展開した。

2.2.　第2期 (2013〜2017年)「カリキュラム・リーダーとしての教師」への職能開発

　第1期に構築された理論枠組みを用いた実践的なプロジェクトが，「カリキュラム・リーダーとしての教師 (Teachers as Curriculum Leaders)」との標題で第2期 (2013〜2017年) に進行した。欧州連合コメニウス資金により遂行されたこの期のプロジェクトでは，参加組織が5カ国10組織に拡大し，学会・大学のみならずフィンランド，ギリシャ，イギリスからは中等学校も参加した。また，個人連携メンバーも17カ国・20名に達し，日本からはイギリス地理教育研究を専攻する伊藤直之（鳴門教育大学）と志村喬（上越教育大学）が加わった。

　第2期の主活動は，学校地理教育実践におけるケイパビリティズの保障・拡張の担い手は，実際の地理授業を行う教師であることが確認されたため，

「カリキュラムづくり」ができる教師の養成・研修システムの国際共同構築が目的となった。第１図で言えば，２段目の「教科教育専門職としての教師の存在」の重要性が国際共有され，標語「カリキュラム・リーダーとしての教師」下，教員養成・研修システムの構築が図られたのである。この期のプロジェクトの中核は，地理の授業をつかさどる専門職としての地理教師に必須である概念的知識「力強い学問的知識（PDK）」を，地理授業内容に即して身に付け・意識化することを促す研修材の開発である。開発研修材はヴィネット（vignette・小作品）と呼ばれ，世界各地の教員研修ワークショップや教員養成授業で使用されるとともに，一部は「Ideas & inspiration：地理教師の教育と研修のために」と題して2016年に開設された web ページ[10]で公開され，オンライン上でも活用できるようになった。

　一方，学校における実際の地理授業は，拘束力の差があるにせよナショナル・カリキュラム（スタンダード）に大枠を規定されているのが制度的現実である。したがって，教師あるいは学校レベルの「カリキュラムづくり」に対し，より上位レベルでもカリキュラムの在り方を問う必要がある。これに対して，ヤングは，南アフリカの教育社会学者ムラーとともに未来のカリキュラムの選択肢を３つのシナリオとして提起していた（Young and Muller, 2010）。選択肢である未来の３つのカリキュラムのうち，事実的知識を不変のものとして伝達・注入する伝統的なカリキュラム（イギリスの場合は1960年代以前）へ戻るのが未来１型カリキュラム，これに対して知識相対主義から知識教授を否定すること（イギリスの場合は1970年代以降）に加え，新自由主義が教育に浸透し汎用的人材育成としての技能・技術・コンピテンシー習得へ教育目的が著しく偏った結果，知識が欠落している近年のカリキュラムが継続するのが未来２型カリキュラムとされ，双方とも学校教育本来の目的を果たすことができないと二人は否定する。そして，１型・２型のどちらにも陥らず，「力強い知識」を技能等とともに確実に教授し，学校という場が学習者に対して担うべき教育権を保障する望ましいカリキュラムの姿（あるべ

きカリキュラムのシナリオ）を，未来3型カリキュラムとして提起したのである。そこで，カリキュラム論としての「未来3型カリキュラム」が，ケイパビリティ・アプローチを実現するカリキュラム論として関連づけられるようになった[11]。

2.3. 第3期（2018年〜）「社会正義のためのジオ・ケイパビリティ」実践

　ジオ・ケイパビリティズ・プロジェクトは，第1期の理論構築，第2期の専門職としての教師の職能開発システム構築を経て，2018年からは第3期に入っている。「社会正義のためのジオ・ケイパビリティ」と題された第3期は，地理教育で扱うべきグローバルな社会問題として「移民（migration）」をとりあげ，移民に関する教材開発・授業開発・授業実践を通して子供たちのケイパビリティを保障・拡張することが，社会正義を実現することになることを検証する実践的研究プログラムとして進行中であり，その詳細は，本書第1章の伊藤論文にある。

3．日本での「ジオ・ケイパビリティズ」プロジェクト始動と研究成果

3.1. プロジェクトに関する諸理論の研究（2012〜2016年）

　日本ではイギリス地理教育を専攻する研究者の中で，本プロジェクトに関する研究が始動した。嚆矢は，2012年に伊藤が発表した論文「イギリスにおける地理カリキュラム論争」（伊藤，2012）である。本論文は，ジオ・ケイパビリティを提唱したランバートのカリキュラム論を巡る論争を扱ったもので，ランバートのカリキュラム論の中核をなす概念「カリキュラム・メーキング」「潜在能力（capabilities）」が日本に初めて紹介・解説された。同年に伊藤は，ランバートを日本に招聘した講演会を開催し[12]，講演論文（Lambert, 2014）及び解説論文（伊藤，2014）が，2014年の全国社会科教育学会誌に掲載された。

　一方，ランバートやソルムと研究交流を続けてきた志村はプロジェクト第

１期の成果情報を受け，その内容を，ヤングの「社会実在主義的（social re-alism）知識論」と関連づけて日本社会科教育学会で報告（志村，2013）するなどし，知識論・学力論の国際理論研究側面からアプローチしていった。

　日本でこのように理論研究が始動した頃，プロジェクトは第２期に入り，教員養成・研修システムの国際共同構築が模索されており，主導者の一人であるソルムと志村を共同代表に日本でのプロジェクトを2015年以降遂行することとなった。とりわけ，ソルムを招聘して2016年10月に３日間にわたり上越教育大学で開催した地理ケイパビリティ・ワークショップ・ジャパン[13]は，日本のみならずアジアにおける初めての本格的なワークショップであった[14]。全国から，14名の高校地理教師・８名の大学地理教育研究者を招聘した本研修会は[15]，ソルムによるプロジェクト全体の説明後，地理的な見方・考え方を意識化し育成する地理ヴィネットの活用事例を体験するもので，ヴィネットの有効性を確認する場であった。その結果，高校教員と大学研究者による日本型ヴィネット協働開発が目指されることとなった。

3.2. 日本型プロジェクトの展開（2017〜2020年）

　2016年10月の地理ケイパビリティ・ワークショップ・ジャパンを契機に，全国的な共同研究ネットワークが確立され，参加した大学研究者をメンバーとした本科研が採択され，組織的かつ計画的に研究が進行した。本書は，この成果報告であるが，本書に所収されていない重要な共同研究成果を以下に記す。

3.2.1. 国内向け教員研修材（ヴィネット）の開発・発信・活用

　地理ケイパビリティ・ワークショップ・ジャパン（2016）参加者メンバーでの研究活動を組織的に継続し，2021年度から高校必履修科目として授業実践される「地理総合」の大項目内容に対応した教員研修材（ヴィネット）を開発した。開発ヴィネットは，地理・社会科教師を主読者とした月刊誌『地

理』に「世界の地理教師たちとつくる新しい地理教材」とのシリーズ題目で全7回（2017年6月号〜12月号）にわたりジオ・ケイパビリティの解説とともに次のように連載されるとともに，一部は，日本地理教育学会及び日本社会科教育学会のワークショップやセミナーで活用された（志村・金田，2017）。

志村喬・山本隆太・広瀬悠三・金玹辰（2017.6）：イギリス発「地理的見方・考え方」に気づく1枚の図―シリーズ第1回．地理，62(6)，pp. 96-101.

大西宏治・山本隆太・高木優（2017.7）：地図・GIS を活用した地理的見方・考え方―シリーズ第2回―．地理，62(7)，pp. 108-113.

井田仁康・伊藤直之・佐々木拓也・吉田裕幸・清水さくら（2017.8）：地理的見方・考え方にもとづく生活文化の多様性―シリーズ第3回．地理，62(8)，pp. 96-101.

永田成文・金玹辰・泉貴久・福井朋美・藤澤誉文（2017.9）：エネルギーをテーマとした地理 ESD 授業―シリーズ第4回―．地理，62(9)，pp. 100-105.

秋本弘章・中村文宣・武者賢一・西川昌宏（2017.10）：地理的見方・考え方にもとづく防災についての考察―シリーズ第5回―．地理，62(10)，pp. 94-99.

柴田祥彦・麻生慶彦・広瀬悠三・志村喬（2017.11）：NIMBY 施設の立地を地理的見方・考え方で検証する―シリーズ第6回―．地理，62(11)，pp. 92-97.

志村喬・山本隆太・広瀬悠三・金玹辰（2017.12）：「事象を地図的に見出す力」に気づかせる地図のない図表―シリーズ第7回（最終回）―．地理，62(12)，pp. 96-101.

3.2.2.　プロジェクト関係者を日本に招聘した講演会・研究交流会の連続開催

国際プロジェクトへの理解を深めるとともに日本の社会科・地理教育研究の国際化を推進するため，共同研究者を日本へ招聘し，上越教育大学並びに学会大会・研究会で講演会・研究交流会を企画した。1年目の2017年はD. ランバートを，2年目は M. ビダフ（ノッテインガム大学（地理教育学））による講演会を開催し[16]，それぞれ次のように学会誌にて講演内容を公開した。

ランバート，D. 〔広瀬悠三・志村喬訳〕（2017）：地理の教室では，誰が何を考える

のか？―力強い学問的知識とカリキュラムの未来―．新地理，65（3），pp. 1-15.
ビダフ，M.・志村喬（2019）：イギリスにおける教員養成改革の教科教員養成への影
響―地理教員養成の事例―．*E-journal GEO*, 14（2），pp. 404-412.

　3年目以降は日本の社会科教育との対応を考慮し，2019年は歴史教育研究
者のA.キットソン（ロンドン大学IoE）を招聘した講演会を上越教育大学及
び東京（日本社会科教育学会国際交流セミナー）で開催し，概要は二井（2020）
として報告されるとともに，講演原稿を本書に収めた。最終年度の2020年も，
イギリスのシティズンシップ教育研究者を招聘した前年同様の講演会・研究
交流会を企画した。しかしながら，2020年春からの新型コロナウイルスの世
界的感染拡大により，実施が困難となり中止せざるを得なかった。

3.2.3. プロジェクト成果の国際発信活動への参画

　第2期の国際共同研究成果内容は，前述のように2016年以降，随時プロジ
ェクトwebページで国際発信されるようになったが，その基本プラットホー
ムはプロジェクト概念の各国言語への翻訳・解説であった。日本語に関し
ては，本科研プロジェクトメンバーが依頼を受け，作成公開が実現した。

　さらに，第2期の主要成果報告と第3期に向けた展望が，国際地理学連合
地理教育委員会の査読機関誌『地理・環境教育国際研究（*International Re-
search in Geographical and Environmental Education: IRGEE*)』第29巻3号
（2020年）に，「ジオ・ケイパビリティズ」特集として企画された。同号には，
本科研成果の一部をメンバーが共同執筆した論文「日本におけるジオ・ケイ
パビリティズ・プロジェクトの展開：ジオ・ケイパビリティズ・アプローチ
の国際的議論促進へ」（Kim *et al.*, 2020）が掲載され，日本の研究活動成果を
国際発信した。

　このような経緯で展開してきた日本の研究成果の国際的布置・意義は，プ
ロジェクト主導者であるD.ランバート博士（ロンドン大学IoE名誉教授）から
寄せられた本書の序文からもみてとれる。

4．本書の構成

　本章に続く本書は，理論編，実践編，国際共同編の３部に大別されつつも相互に関連する次の諸章から構成されている。第Ⅰ部理論編最初の伊藤論文は，現在進行中のジオ・ケイパビリティズ・プロジェクト第３段階について，社会正義を実現するための研修材（ヴィネット）分析をもとに検討する。続く中平論文は，プロジェクトで主張される望ましい学校カリキュラム「未来３型カリキュラム」実現のために必要な教科専門職としての教師に必要な力量を，公民教育を事例に論じる。一方，広瀬論文は，プロジェクトの基底にあるケイパビリティ概念について専攻の教育哲学の視座から考究することを通し，教科教育とプロジェクの在り方を展望させる。

　第Ⅱ部実践編は，プロジェクト第２段階の中核的活動であり，とりわけ日本では学校現場教師と大学研究者との協働で成果を挙げたヴィネット（教員研修材・教員養成教材）開発を具体的に報告している。秋本論文は，先行して開発された地理教育領域でのヴィネットが，実際の教員養成課程の授業に即すならばどのようなものかを示している。一方，茨木論文は，歴史教育における教員養成課程で扱われてきた事柄が，ヴィネットとしてどのように定位されるか，やはり教員養成授業実践に即して示している。さらに，永田論文は，社会科としてのヴィネットとその活用を，思考・判断をふまえた ESD 授業づくりという社会科教育実践の視座から論じている。一方，金論文は，教員養成課程授業で使用したヴィネットから学生らの社会科的「見方・考え方」を臨床的に把握したうえで，カリキュラム内容としての「力強い知識」論とそれを活かす「力強いペダゴギー」論とを結びつけた授業づくりモデルを提案しており，国際プロジェクトの新たな研究志向と軌を一にしている。

　第Ⅲ部国際共同編は，グローバルな共同研究成果の報告である。最初のA．キットソン論文は，プロジェクトの一環で2019年度に招聘し日本地理学会地理教育国際共同研究グループ例会（上越教育大学）及び日本社会科教育

学会国際研究セミナー（東京）における講演論文である。イギリスの歴史教育における力強い知識論の受容，実際の歴史教員養成授業での知識の扱い方が理解できる。山本論文は，イギリス地理教育界で開発された授業手法「ミステリー」が，ドイツ・オランダで普及し，日本へも影響を与えつつあることを報告している。主体的な思考を育む授業手法という側面に加え，教科の授業手法が国際ネットワークを介して伝播するという側面からも，国際共同研究の意義を確認させられる。続く大西論文は，氏が参画した地理教科書執筆者に関する国際共同調査の概要であり，グローバルなネットワークにより結実した国際共同研究成果として象徴的である。

　最終章である井田論文は，これら国内の理論的・実践的研究成果，国際共同研究成果を，日本の教科教育現状と総合的・俯瞰的に関連づけ，今後について展望している。

5．おわりに－今後の国際共通研究課題と日本－

　最後に，『地理・環境教育国際研究』第29巻3号（2020年）の「ジオ・ケイパビリティズ」特集の概要をもとに，本科研成果の国際的位置と今後の国際共同研究との関係を記す。

　本プロジェクトを黎明期から牽引してきた D. ランバートと S. タニに加え，地理教育におけるケイパビリティ・アプローチについての論文で博士号を取得したイギリスの中等学校教員 R. バスティンを編者とした同特集は，巻頭論文を含め6論文から構成され，執筆者の所属はイギリス，フィンランド，スウェーデン，オランダ，ベルギー，フランス，チェコ，オーストラリア，日本の9カ国である。アジアからの掲載は本プロジェクト成果論文（Kim *et al.*, 2020）のみであり，日本がアジアにおけるプロジェクト先行地として拠点ハブと位置づけられることが分かる。

　一方，所収論文からは今後の研究課題を貫く2つの要素が読み取れる。1つは力強い知識論をペダゴギー（教授学）とより関連づける必要があるとい

う主張で，G.ブロード（スウェーデン）「ジオ・ケイパビリティズ，ダイダクティクス分析，そしてカリキュラム思考—ダイダクティクスとカリキュラムとの間の対話を促進する」（Bladh, 2020）に代表される。これは，「学習化（learnification）」と称される表層的な学習のみに特化した学校教育実態への批判・コンピテンシーを越えた教育論（ビースタ，2018）を基底にもつ本プロジェクトであるが故に生じてきた課題認識であり，異なる教授・学習論であるダイダクティクスを伝統的に擁してきた中・北欧のペダゴギー（教授学）と関連づけた研究が必要であるとの国際共通課題認識である。もう１つは，望ましい社会・世界構築へどのように貢献するかという価値教育的課題であり，プロジェクト第3期の速報である巻末論文 M. ビダフ（英）ほか「力強い地理的知識を教える：社会正義の問題—ジオ・ケイパビリティズ第3期プロジェクトからの最初の知見」（Biddulph *et al.,* 2020）に代表されている。

　同特集号掲載の日本の報告論文（Kim *et al.,* 2020）では，日本のヴィネットづくりが授業研究といった日本の学校教師のペダゴギー的文化を背景にしていることを指摘するとともに，統合的教科である社会科の中での地理教育実践への教師の意識差（地理教育実践における価値的教育導入への意識差）を報告している。これは上述の国際共通研究課題に対応するものであり，日本が本国際プロジェクトへ大きく貢献できること，それが国際的に期待されていることが理解される。同時にこれは，日本の地理・社会科教育研究と実践が，国際文脈の中で十分に定位されたうえで，固有性をもちつつ創造的に発展することにつながる。本書は，その第一歩になることを企図している。

注

1）「潜在能力」と邦訳されることもあるが，教育学研究界では「ケイパビリティ」と表記されることが多く，本稿でも特に断りがない限り同様の表記を用いる。
2）本プロジェクト発生の背景には，新自由主義の教育改革でグローバルに変貌している学校授業に対する教育哲学を踏まえた教育研究界での世界的な危機感・批判がある。イギリス（イングランド）の地理教育に即して主要なものをあげれば，

常識的・事実知識の伝達を目指す2010年代のカリキュラム改革，ICT 等の技術的なコンピテンシー習得のみが強調され各授業で扱うべき教科固有の知識・思考・技能等が欠落した授業実践の拡大，授業実践の本質的理解ではなく表層的な指導方法習得へ偏る教員養成制度改革（大学が関与しない学校現場ベースの教員養成へのシフト）などである。これら背景及びそれら実態と本プロジェクトの関連については，Young and Lambert（2014），Lambert（2016），ランバート（2017），志村（2018）がさしあたり参考になる。

3）イギリスの学校教育カリキュラムは構成地域（イングランド，ウェールズ，スコットランド，北アイルランド）毎にかなり異なる。本稿でのイギリスは，特に断りがない場合はイングランドを指している。

4）東京地学協会（1879年設立）は，地理学だけでなく，地質鉱物学，地球物理学など地学に関する領域をも含む学術団体であるが，英語での学会名称は Tokyo Geographical Society，学会誌『地学雑誌』の英文名は *Journal of Geography* であり，Geo-graphy の指す意味は日本の教科目「地理」に止まらない広さを持っている。

5）本書全体では，内容の文脈や筆者の企図により「地理ケイパビリティ」等の語も使用する。

6）第1期の研究では，3者の所属組織に加え，全米地理教育研究センター（NCRGE），欧州地理学会（EUROGEO），イギリス地理協会（GA）も協働している。

7）powerful knowledge は，日本のカリキュラム研究界でも柳田（2015）を嚆矢に研究が進められているが，訳語は定まっておらず文脈・執筆者により「力あふれる知識」「パワフル・ナレッジ」等も用いられており，本書全体でも同様である。

8）この名称は，かつて自身が提唱した知識「knowledge of powerful（権力的な知識）」に対比して使用されている（志村，2020）。

9）このような教科知識の要点は，力強い学問的知識（PDK）が，教育目的に即して組み替えられていることであり，歴史教育では Nordgren（2017）が，地理教育では Bustin（2019, p.151），Mitchell（2019, p.168）が，「力強い教科知識（powerful subject knowledge: PSK）」と記している。この学問的知識の組み替えは，バーンスタインのペダゴジー論での知識の再文脈化やショーマンの PCK 論における翻案に類似するが，その解釈については本書第7章の金論文及び志村（2017）にて言及している。

10）https://www.geocapabilities.org/

11）なお，「カリキュラムづくり」の実現を，より授業実践レベルで目指すならば，

授業内容である力強い教科知識と並行して，それに相応しい教授方法が必要である。カリキュラムづくり論は，目的・知識・学習者のバランスを教師が専門職として看取り授業することを主張しており，決して教授・学習方法を軽視していた訳ではないが，力強い知識論に象徴されるような知識の側面に比べ，検討が少なかったのは確かであった。そこで，初等教育を主対象に日常知識も重視した探究型地理授業理論を究めていた M. ロバーツのペダゴギー（pedagogy）への注意喚起及び「力強いペダゴギー（powerful pedagogy）」の主張（Roberts, 2014；2017）のように，英語圏の教授学習論よりも，学習者（子供），教授・学習すべき内容，教授・学習方法の相互関係を教師の存在と関連づけて論じるドイツ・北欧圏におけるダイダクティクス（didactics）が，カリキュラムづくり論との関連で近年は考究されるようになってきている。

12）本招聘は，永田忠道氏（広島大学）が代表を務めた科学研究費助成事業基盤研究（B）の一環としてなされ，ランバートとの東京での学校訪問は，永田忠道氏・伊藤直之氏とともに志村が設定した。

13）2016年10月のワークショップは，全米地理教育研究センター（NCRGE）研究助成金を主財源になされたが，関連した一連の活動では，上越教育大学国際交流研究費（2015年）及び科学研究費助成事業基盤研究（C）「ケイパビリティ・アプローチによる社会系教科での育成学力内容の国際理論研究」（2014-2016年，代表：志村喬）も活用された。

14）その後，中国でも開催された。

15）そのほか関心のある GIS 関係者の参加も得た。

16）2017年8月の D. ランバート講演は，氏の来日が急遽できなくなったため，発表原稿代読での講演会となった。

文献

伊藤直之（2012）：イギリスにおける地理カリキュラム論争―スタンデイッシュとランバーとの教育論に着目して―．社会科研究，76，pp. 11-20.

伊藤直之（2014）：ランバート論文の示唆するもの―パワフル・ナレッジに基づくカリキュラムと「ケイパビリティ・アプローチ」―．社会科研究，81，pp. 12-14.

志村喬（2013）：イギリス地理教育界におけるケイパビリティ・アプローチ提唱の意味―知識を目標をめぐる議論の展開―．日本社会科教育学会全国大会発表論文集，9，pp. 152-153.

志村喬（2017）：PCK（Pedagogical Content Knowledge）論の教科教育学的考察―社

会科・地理教育の視座から一．上越教育大学研究紀要，37(1)，pp. 139-148.

志村喬（2018）：イギリス教育界における「知識への転回」と教員養成一地理教育を中心に一．松田愼也監修『社会科教科内容構成学の探求一教科専門からの発信一』，風間書房，pp. 212-234.

志村喬（2020）：パワフル・ナレッジ（powerful knowledge）論の生成と展開に関する教科教育学的覚書一地理教育からの書誌学的アプローチ一．上越教育大学研究紀要，40(1)，pp. 217-225.

志村喬・金田啓珠（2017）：「『地理総合』実践に向けた社会系教員対象ワークショップ一地理的見方・考え方を自覚化する地理ケイパビリティ・プロジェクト成果研修材体験一」記録．新地理，65(3)，pp. 86-87.

二井正浩（2020）：イギリスにおける歴史教育と教師教育一A.キットソン氏を招いて：2019年国際交流セミナー報告一．社会科教育研究，139，pp. 71-73

ビースタ, G.〔上野正道監訳〕（2018）：『教えることの再発見』東京大学出版会，197p.

ビダフ, M.・志村喬（2019）：イギリスにおける教員養成改革の教科教員養成への影響一地理教員養成の事例一．E-journal GEO, 14(2)，pp. 404-412.

馬上美知（2006）：ケイパビリティ・アプローチの可能性と課題一格差問題への新たな視点の検討として一．教育学研究，73，pp. 420-430.

柳田雅明（2015）：「知識に基づくカリキュラム」を今日提起する意義とは一「カリキュラムの社会学者」マイケルF・D・ヤングの近論から一．青山学院大学「教職研究」，1，pp. 115-125.

ヤング, M.〔菅尾英代訳〕（2017）：「力あふれる知識」は全ての児童・生徒にとって学校カリキュラムの基盤になりうるか．カリキュラム研究，26，pp. 91-100.

湯田ミノリ（2020）：フィンランドの教育とフィールドワーク．地図情報，39(4)，pp. 16-19.

ランバート, D.〔広瀬悠三・志村喬訳〕（2017）：地理の教室では，誰が何を考えるのか？一力強い学問的知識とカリキュラムの未来一．新地理，65(3)，pp. 1-15.

Biddulph, M., Bèneker, T., Mitchell, D., Hanus, M., Leininger-Frézal, C., Zwartjes, L. and Donert, K. (2020): Teaching powerful geographical knowledge — a matter of social justice: initial findings from the GeoCapabilities 3 project. *International Research in Geographical and Environmental Education*, 29(3), pp. 260-274.

Bladh, G. (2020): GeoCapabilities, *Didaktical* analysis and curriculum thinking — furthering the dialogue between *Didaktik* and curriculum. *International Research in Geographical and Environmental Education*, 29(3), pp. 206-220.

Bustin, R. (2019): *Geography education's potential and the capability approach: Geocapabilities and schools.* Palgrave Macmillan, 197p.

Hinchcliffe, G. and Terzi, L. (2009): Introduction to the special issue 'Capabilities and Education'. *Studies in Philosophy and Education,* 28, pp. 387-390.

Kim, H., Yamamoto, R., Ito, N. and Shimura, T. (2020): Development of the GeoCapabilities project in Japan: Furthering international debate on the GeoCapabilities approach. *International Research in Geographical and Environmental Education,* 29(3), pp. 244-259.

Lambert, D. (2014): Curriculum thinking, 'Capabilities' and the place of geographical knowledge in schools. 社会科研究, 81, pp. 1-11.

Lambert, D. (2016): Geography. Wyse, D., Hayward, L. and Pandya, J. eds. *The SAGE handbook of curriculum, pedagogy and assessment vol. 1.* Sage Publications pp. 391-407.

Lambert, D., Solem, M. and Tani, S. (2015): Achieving human potential through geography education: A capabilities approach to curriculum making in schools. *Annals of the Association of American Geographers,* 105, pp. 723-735.

Mitchell, D. (2019): *Hyper-Socialized: How teachers enact the geography curriculum in late capitalism.* Routledge, 196p.

Nordgren (2017): Powerful knowledge, intercultural learning and history education. *Journal of Curriculum Studies,* 49(5), pp. 663-682.

Roberts, M. (2014): Powerful knowledge and geographical education. *Curriculum Journal,* 25(2), pp. 187-209.

Roberts, M. (2017): Geographical education is powerful if ... *Teaching Geography,* 42(1), pp. 6-9.

Saito, M. (2003): Amartya Sen's capability approach to education; A critical exploration. *Journal of Philosophy of Education,* 37(1), pp. 17-33.

Solem, M. Lambert, D. and Tani, S. (2013) : Geocapabilities: Toward an international framework for researching the purposes and values of geography education. *Review of International Geographical Education Online,* 3(3), pp. 214-229.

Walker, M. (2006): *Higher education pedagogies: A capabilities approach.* Open University Press. 164p.

Young, M. (2010): The future of education in a knowledge society: The radical case for a subject-based curriculum. *Pacific-Asian Education,* 22(1), pp. 21-32.

Young, M. and Lambert, D. (with Roberts, C. and Roberts, M.) (2014) : *Knowledge and the future school: Curriculum and social justice*. Bloomsbury, 224p.

Young, M. and Muller, J. (2010): Three educational scenarios for the future: lessons from the sociology of knowledge. *European Journal of Education*, 45(1), pp. 11-27.

第Ⅰ部：理論編

Part I: From Theory

第1章
社会正義に向けたジオ・ケイパビリティズ・プロジェクト第3段階

伊藤　直之*

Chapter 1
Trends in the third phase of the international collaborative research project: GeoCapabilities for Social Justice in Europe

Naoyuki ITO*

ABSTRACT

The purpose of this chapter is to clarify the trends in the third phase of the Geo-Capabilities project: GeoCapabilities for Social Justice in Europe. Through a questionnaire distributed among participants in Europe, Biddulph and co-authors revealed that the four concepts of "Agency," "Distributed justice," "Relational justice," and "Mutuality mis/recognition" are strongly related when school teachers create geography lessons on capabilities for social justice (Biddulph *et al.*, 2020). Therefore, in this chapter, the author examines three of the vignettes created by European teachers to illustrate how powerful disciplinary knowledge (PDK) operates for social justice. After consideration, the author points out that this project places great emphasis on the role of PDK: the vignettes teach learners to recognize the circumstances in which justice is socially disrupted, with teachers shying away from aiming precise outcomes such as desirable behavior, action or social participation in lessons. Additionally, the author points out that Japanese educators and researchers should join the third stage of this project, and that we should consider alternative topics apart from "immigration" featured in the European vignettes. Finally, the author suggests the possibility of international collaborative research in Asia.

*鳴門教育大学　Naruto University of Education

1．はじめに

1.1．なぜコンピテンシーよりも知識か

　OECD による「Education 2030」プロジェクトの取り組みに象徴されるように，日本や欧米各国の教育政策がコンピテンシー志向へと舵を切るのとは対照的に，教育社会学や教科教育学を専攻する研究者のなかに，コンピテンシーの流行に対するアンチ・テーゼとして，知識を重視する教育論の勃興とそれを支持する国際的な動向がある。ロンドン大学（University College London, Institute of Education）の社会学者マイケル・ヤング（Michael Young）による「力強い知識」論と，同僚の地理教育学者デービッド・ランバート（David Lambert）による「ジオ・ケイパビリティズ」プロジェクト（以下，同プロジェクトと略記）である。

　同プロジェクトの基礎となるジオ・ケイパビリティズという考えは，経済学者のアマルティア・セン（Amartya Sen）の概念に由来し，人間の潜在能力，すなわち，どのような状態にも「なれること（to be）」「できること（to do）」に向けた地理教育の貢献と解される。ランバートによれば，ケイパビリティの要点は次の3点に集約される。

（1）ケイパビリティとは，コンピテンシーではない

　コンピテンシーは，例えば協力やチームワークのように，何らかの特有のアウトカム（成果）を伴う。それに対して，ケイパビリティは，特有のアウトカムがあらかじめ想定されるものではない。

（2）ケイパビリティには思考することを必要とする

　人間は，対象をより専門的な方法でとらえることができるようになったとき，より自由になれる。言い換えれば，よりよい判断や選択肢を得ることができる。それこそが，究極的には人間の自由につながる。

（3）思考には専門的な知識を必要とする

　すべての知識は社会的につくられるものであるが，ある知識は，別の知識

よりも信頼に値するものである。それらはディシプリンと呼ばれる社会的な集団によって試されてきた「力強い学問的知識（Powerful Disciplinary Knowledge：PDK）」である。子どもたちはこの知識を得ることで，より強い議論に加わることができる[1]。

　折しも，日本国内では，学習指導要領の改訂を受けて，いわゆる「主体的・対話的で深い学び」を促す授業改善という要請から，知識を習得する授業だけでなく，知識を活用する授業への発展が望まれている。しかし，コンピテンシーへの傾斜がもたらす問題点として，知識の軽視が危惧されている。コンピテンシーの流行は，ともすれば，本来，学校における教科の教育の礎であった教科ならではの固有性を見過ごし，どの教科でもあてはまる汎用的の高いジェネリック・スキルへの傾斜を導きやすい。スキルの一人歩きは，知識を方略的な次元でとらえ，いわゆる「学び方学習（Learning to learn）」に終始する恐れがある（Lambert, 2014）。

　地理教育における資質・能力とは，知識と結ばれた力である。知識を欠いた地理教育はあり得ない。かといって，知識の暗記・定着を図る授業への回帰も問題解決とならない。解決のための核心的な問いは，"資質・能力の育成に寄与するために欠かせない本質的な知識は何か"である。同プロジェクトでは，先述のPDKが社会正義に寄与することを見出そうとしている（ヤング〔菅尾訳〕, 2017）。

　上記のようなコンピテンシーの流行に付随する問題意識に立つとき，あえて知識に着目する同プロジェクトは，主体的・対話的で深い学びを錦の御旗にして，コンピテンシー・ベースへの転換を吹聴する言説が跋扈し，いわゆるアクティブ・ラーニングを疑うことなく導入しようとする日本の教育界にとって，強力かつ本質的な批判と提言を内包するものであり，示唆に富むものである。

1.2.　なぜ社会正義か

　同プロジェクトは，本書の序章で示された通り，これまでに第1段階の理論構築にはじまり，第2段階の職能開発，ヴィネットの普及活動を進めてきている。そして，現在では，第3段階として「社会正義のためのジオ・ケイパビリティズ」を主題に掲げ，地理教育がPDKを保証することによって社会正義に寄与することについて，理論的および実践的検討が進められている。この第3段階の特徴ともいえるのが，「移民（migration）」を題材にした，欧州における研究者と学校教師による共同研究である。

　欧州では，国内外からの移民の増加という社会状況に直面し，子どもの多様化，学校の多様化が進行している。同プロジェクトでは，ランバートとヤングによる共著『知識と未来の学校〜カリキュラムと社会正義〜（Knowledge and the future school: curriculum and social justice）』の内容を理論的支柱として，困難な状況に置かれている学校や，すべての子どもたちに対して，授業を通してPDKをもたらすことが学校教育の使命であり，社会正義に向けた価値や態度の涵養につながるという主張をしている（Young and Lambert, 2014）。

　社会正義の議論は，欧州はもとより，おそらく世界中のいたるところでも関連を見いだすことができるものであろう。同プロジェクトに関与する英国地理教師のリチャード・バスティンによれば，地理教育の有用性や背負うべき役割は重大であるという。社会的に恵まれない子どもたちは，将来的に低賃金であっても何らかの仕事を得ることができるように，人間関係，コミュニケーション，感情，およびいくつかの実践的なスキルに焦点を当てた教育を必要とするべきだというコンピテンシー・ベースの主張が世界的な潮流となっていることは先述の通りである。

　それに対して，同プロジェクトはそれへの批判とそれを超えた主張を展開しようとする。その主張の骨子は，すべての子どもたち，なかでも政治的・経済的な点で，社会において不利を被っている子どもたちであればなおさら，

高いクオリティーの地理教育へのアクセスを必要としているのだということである。ヤングの説く PDK 理論の根幹にあることは，優れた知識はエリートのみが享受するものではないということである。地理教育は，例えば気候変動が著しい世界における消費者として，そして意思決定者としての地球市民の役割について子どもたちに示唆することになる。それゆえに，地理は教育の重要な部分を占めるべきだとするのがバスティンの所論である（Bustin, 2019）。本章において後述するヴィネットは，地中海をまたいで欧州に押し寄せる移民危機などの問題を検討しており，これらの要素について解きほぐすものになっている。

1.3.　国内外の研究動向

　日本国内の研究動向としては，これまでの第1〜2段階に関わる理論の紹介や（伊藤，2012；伊藤，2014；志村，2018），ランバートの寄稿（ランバート，2017），同理論と実践の融合に関するイギリスでの現地調査にもとづく研究（佐々木，2016）が発表されてきたほか，本書の編著者である志村を中心にして，日本における実践的な取り組み等が推進され，学校教師との共同研究に筆者も加わった（志村ほか，2017；井田ほか，2017）。

　しかし，いずれも同プロジェクトの第1段階・第2段階を対象にしたものであった。国内では，第3段階への発展が喫緊の課題となっており，本章では日本国内でも第3段階へのシフトを促進するための基礎資料を提供し，本格的な研究着手への嚆矢としたい。

　国外の研究動向としては，同プロジェクトの第3段階研究として，イギリス，フランス，ドイツなどの欧州諸国の学校教師を対象にしてヒアリング調査を試みたメアリー・ビダフらによる研究論文（Biddulph, M. *et al.*, 2020）が発表されたばかりである。その成果として，移民を対象にした学習では，PDK と強く関連する社会正義の下位概念が，「エージェンシー（Agency）」，「配分的正義（Distributive justice）」，「関係的正義（Relational justice）」，「相互

性と認識・誤認識（Mutuality/mis/recognition）」であることが明らかとなった。本研究では，ビダフらの研究成果に依拠して，欧州の教師らによって開発されたヴィネットを分析して検証を試みる。

2．社会正義とケイパビリティ

2.1．エージェンシー

　本節では，まず最初に，社会正義を下支えする4つの概念について，先述のビダフらによる国際共同研究における定義を参照し，後掲のヴィネットの考察に活用することにしたい。

　1つめのエージェンシーとは，よりよい未来を創造するために責任感を持って社会参画をしていくことであり，OECD Education 2030でも重要な概念とされている（小村・金井，2018）。エージェンシーをもった人物像として，「行動を起こして変化をもたらす人物であり，その達成は，私たちがいくつかの外部基準の観点からも評価するかどうかにかかわらず，自身の価値観や目的に関して判断できる人物」と定義している（Biddulph, M. *et.al.*, 2020, pp.265-266）。

2.2．配分的正義

　2つめの配分的正義という考え方では，公正な社会を，教育を含む物質的および非物質的なアイテムが社会の構成員に公正に分配される社会としてとらえている。ビダフらは，経済学者のアマルティア・センによる定義に学び，正義とは収入や商品などの個々の資源の所有についてではなく，個人が価値ある人生を選択する自由についてであると主張している。そして，階級，人種，性別などにおける不平等の存在は根本的に考慮すべき事項であり，個人の能力を妨害する危険性があるとして注意を払うべきだとしている[2]（Biddulph, M. *et.al.*, 2020, p.267）。

2.3. 関係的正義

　3つめの関係的正義は，社会正義に関する一般的な理論の側面からみると，多くの西側社会に支配的な個人主義に挑戦するために必要な概念とされる。なぜなら，個人主義は個々の違いを強調するあまり，より良い社会の構成を妨げる恐れがあるという。ケイパビリティを保障することに関して，人間関係は人間の生活の中心にあるといえる。それゆえに，ビダフらは，移民に関する学習を通して，人間関係構築の重要性を検討できると説く。そして，彼らの地域社会だけでなく，地理教育を通じて，教室にある移民と生徒の関係のほか，メディアを通じて知らされる移民と生徒たちの関係についての考察をも促進させることが期待できると主張している（Biddulph, M. *et.al.*, 2020, pp.268-269)。

2.4. 相互性・認識・誤認識

　4つめの相互性とは共同体主義の概念であり，公正な社会において個人とグループが相互に依存し合う方法を指すという。また，個人の権利や責任と，コミュニティーの権利や責任のバランスを取ることを目指す概念でもあり，社会で最も疎外されているグループの参加を保証しようとするものであるという。相互性は，シティズンシップや，参加，参画，ソーシャル・キャピタルのアイデアと関連しており，学校教育の文脈に照らせば，カリキュラムと民主的な学校のプロセスを通じて，生徒の共同体意識と相互理解を育むことができるという。ビダフらは，相互性における社会正義の実現が，個人とコミュニティの間の相互関係にかかっており，社会正義のための認識とは，他者への関与に加えて，他者との違いの認識と尊重に基づいていると説く。それゆえに，誤認識は，一部の個人やグループが誰で何であるかについて認識される際に直面する課題を浮き彫りにするという。そして，誤認識は社会的排除や分離につながる恐れがあるため，人々に重大な害悪を及ぼす危険性がある社会的な不正の一種であると主張している（Biddulph, M. *et.al.*,

2020, pp. 269-270)。

2.5. PDK と結んだ社会正義

　ビダフらによれば，上記の４つの下位概念は，いずれも社会正義の実現と深く関わったものであり，学校教師が自身の授業開発や学習指導において強く意識するものであるということがアンケート結果に対する考察から導かれている。それを筆者なりに解釈して示したものが下掲の第１図である。社会正義を志向した授業開発や学習指導を行おうとした教師は，PDK との関連について思考したときに，４つの下位概念のうちのいずれか（あるいは，そのすべて）を意識することになる。

　なお，以下は筆者のとらえに過ぎないが，これらの４つの下位概念は相互に関係し合うものであるものの，望ましいと考える教育像によって概念間のパワー・バランスが異なってくるのではないかと思われる。例えば，コンピテンシー・ベースに由来するアウトカム志向の教育では，これら４つのうち，行動や参画と強く関わったエージェンシーが重視されるのではないか。それに対して，コンテンツ・ベースに由来するケイパビリティ志向の教育では，

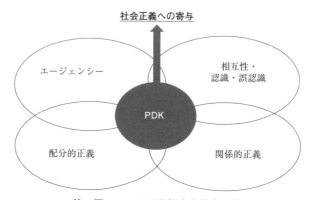

第１図　４つの下位概念と社会正義

（筆者作成）

むしろエージェンシーとの関連は小さくなるように思われる。

　同プロジェクト第3段階で進められている社会正義を志向するヴィネットにおいて，4つの概念はどのようなコンテンツ（教育内容）と結びついて寄与するのであろうか。その鍵となるのは，やはりPDKである。地理教育はPDKを保証することによって，公正な社会実現に寄与できるのである。具体的には，PDKによって，社会の現実が配分的正義，関係的正義，相互性の実現に至っていないことを理解でき，あるいは誤認識が生じていることに気づくことができる。そして，PDKの認識によって，エージェンシーの涵養へと"接続"していこうとするのがケイパビリティプロジェクトの主眼であるように思われる。すなわち，性急なエージェンシーの育成と結んだアウトカム志向の授業構成や目標提示を志向しないのが同プロジェクトの最大の特徴でもある。

3．社会正義を志向するヴィネット

3.1．移民を題材としたヴィネット開発

　さて，本研究では，同プロジェクトの教育の性格を鑑みて，後述のヴィネットの考察に際しては，上記の4つの下位概念を明確かつ独立した分析指標として用いるのではなく，4つが相俟って社会正義に寄与するという解釈に立って，紹介するヴィネットのそれぞれがどの程度4つの下位概念と関連するものになっているかという点から考察していくことにしたい。

　同プロジェクトでは，第3段階の取り組みにおいて，欧州における研究者と学校教師らの共同研究の成果として，計12個のヴィネットが開発され，ウェブページ上に掲載されている。それを一覧表の形で示したものが第1表である。

　先述したように，12個のヴィネットの共通の題材は移民であり，移民に関わる実際の事象や出来事，または架空の設定と関連している。移民を題材とした背景は，欧州の各国が直面している現象であることに加えて，それが多

第1表　欧州教師らによる社会正義ヴィネット一覧

1	移民と空間の組織（または移民が空間に及ぼす影響）
2	国境―移動する権利
3	移民を表すこと
4	場所と移民についての批判的な理解
5	英国からの移住
6	すべての人のための人権
7	世界の移民の流れ
8	メディアにおける移民のイメージ―信頼できる情報またはデマ？
9	移民を危機として説明できるのか？
10	移民の研究における知識ネットワーク
11	出身はどこか，どこがホームか？
12	2つの世界の衝突

https://www.geocapabilities.org/vignettes/（2020年9月1日確認）より筆者訳出

様なメディアを通して伝達されることを通して誤解やステレオタイプがもたらされ，社会正義の実現から遠ざけていること，そして，欧州各国の教師らによる国際共同研究の共通のフレームとして従事しやすいことなどが考えられる。

3.2. 配分的正義に関連したヴィネット

　本研究では紙面の制約から，12個のヴィネットのうち，特徴が比較的に明瞭なものを3種類選択して，考察することにしたい。1つ目は，「国境―移動する権利」である。ヴィネットの記載内容を翻訳したものが第2表である。なお，下線部は，配分的正義と関連する箇所と判断し，筆者が施したものである。

　このヴィネットでは，世界人権宣言に明記されている移動する権利を端緒に，それが実現されている先進国と，その権利が制限されている途上国を対比させることを通して，旅行する市民の能力の一部は，出身国に依存していることを認識させようとしている。先述のビダフらによる定義によれば，「個人の能力を妨害する危険性がある」事例であり，配分的正義と強く関連

第2表　ヴィネット例「国境―移動する権利」

説明	1948年の世界人権宣言（Universal Declaration of Human）には，移動する権利の尊重が明記されている。 　移動性（および循環）に対する権利の普遍的かつ合法的な概念が今日問われているが，逆説的に，移動性は自由主義と現代性によって評価されている。有形で無形の商品は，障害物や障壁，壁が増加している間，自由に流通し，それらは個人の移動に対する障壁となる。国境は，それが開いているか閉じているかに応じて，ますます安全になったり，障害にも関わらずますます重要になる秘密の行き来とリスクテイクを生み出すが，移動を消滅または減少させることは決してない。 　経済状況や地理的な場所に応じて，2つの異なるグループの人々が生み出されることにつながっている。「先進国」の国の人々は，無制限の移動への権利から恩恵を受けており，差別がある。一部の人々にとって，運動を起こすことは権利であり，必要であるにもかかわらず，それは彼らに許可されていない。多くの住民は，ビザの申請を余儀なくされ，移動する権利を拒否されているため，秘密の移動を非難されることになっている。
考察	地図（省略）に示されているように，先進国のビザポリシーはこの世界の区分を示している。スイスでは，いわゆる北半球の国および一部の南アメリカの国の市民がビザなしで国に来ることを許可している。それとは対照的に，アフリカとアジアの国の市民は，行政手続きを受けなければならない。一方，スイス国民はビザなしでこれらの国のいくつかに旅行できる。旅行する市民の能力の一部は，出身国に依存している。 　主権国家とEUが移民の移動を制限するために実施した，移動権の拒否は，流れやルートを枯渇させることにはならない。これは，制限付きの移民政策の効果が制限されたままであることを示す傾向がある。これは，ルートの移動，移動時間の変更，移動のリダイレクト（受信など）を行い，国境（トランジットキャンプ，ホットスポット，拘留センターなど）の周りに，新しいフロー（人を国境に戻すなど）を伴う新しいスペースを作成することになり，それらは国境を越えた後，戻る可能性はない。

https://www.geocapabilities.org/vignettes/ より筆者訳出。下線は筆者による。

したヴィネットであるといえる。

3.3.　関係的正義に関連したヴィネット

　2つめのヴィネットは，「メディアにおける移民のイメージ―信頼できる情報またはデマ？」である。記載内容を翻訳し整理したものが第3表である。なお，下線部は，関係的正義と関連する箇所と判断し，筆者が施したものである。

第3表　ヴィネット例「メディアにおける移民のイメージ―信頼できる情報またはデマ？」

説明	2014年から2017年のヨーロッパに向けた移民の波は，ヨーロッパ中のデジタルメディアと印刷メディアの両方で多くの注目を集めた。そのほとんどの場合，メッセージはヨーロッパで最も問題の多い地域で撮影された写真で示されていた。したがって，メッセージの目的は，ヨーロッパへの移住の流れの範囲を説明することであった（場合によっては，ヨーロッパ人の間で恐怖とパニックを共有するためであった）。大多数の国民は，データが信頼できないものであることを気にしておらず，画像は示された場所とは別の場所または別の時間に撮られたものであった。この状況を考えると，移民に関連する多くのデマがこれらの時期に発生したと思われる。例えば，これらのニュースのいくつかは，1991年にイタリアのバーリ港で撮影され，共産主義崩壊後の食料不足と崩壊した経済に苦しむアルバニアからの難民を示す写真を使用したのである。
考察	これは時間と空間の概念に関連している。写真における船の時間と場所を知っているか？　それは移民の現在の問題に関連しているのか？　このようなことが以前に起こったことはないか？　それは生徒に，理由があるために常に起こっている人間の基本的な特徴，つまり動きについて考えることを余儀なくさせる。これは移民の波からの最近の写真ではなく，ほぼ30年前の出来事であることが生徒には驚きであろう。生徒は，世界が常に動いていることを理解する必要がある。これをアフリカからの奴隷貿易に関連付けることもできる。これらの出来事には，その原因と結果があり，それらを議論することができる。過去と現在の世界を比較し，ローカルからグローバルへの変化を認識すること，情報を扱うことなどは，常にそのような写真がメディアやソーシャルネットワークでどのように使用されているかに依存している。 　私たち一人一人がどこかに旅行することを余儀なくされるかもしれない。私たちヨーロッパ人は自発的に旅行する可能性が高いが，これは必ずしもそうではなかった。たとえば，世界大戦や共産主義の時代などである。 　主な発問は次のとおりである。あなたの人生や子どもの運命が脅かされた場合，どのように感じるか？ 　また，写真の使用という別の側面も考慮することもできる。著者がこの写真を使用したのはなぜか？　著者は私たちの社会的感性をターゲットにしていたのか？それとも彼はただ状況を反映したかっただけなのか？　写真はメディアコミュニケーションの非常に重要な部分であるが，テキストよりも読者に影響を与えることが多いため，慎重に扱う必要がある。

https://www.geocapabilities.org/vignettes/ より筆者訳出。下線は筆者による。

　このヴィネットでは，2010年代のヨーロッパに向けた移民の動向と，それを取り上げたメディアの伝達方法に焦点化して，データの信頼性と大衆がそれに無頓着な傾向があること，そして，メディアによる異なる時間と場所を示した情報の伝達が災いして，移民に関連する多くのデマが発生したことなどを把握させようとしている。そのことを効果的に示す教材として，1991年にイタリアのバーリ港で撮影されたアルバニアからの難民を示す写真が利用されている。

　先述のビダフらによる関係的正義についての言及に照らせば，「メディアを通じて知らされる移民と生徒たちの関係についての考察」をメインにしたヴィネットであると解される。それに加えて，ヴィネットでは「あなたの人生や子どもの運命が脅かされた場合，どのように感じるか？」という発問が明示されており，自分自身を他者の立場へと転換させる工夫がみられる。関係的正義という概念のもつ「人間関係構築の重要性」への配慮も見て取れる。

3.4. 相互性・認識・誤認識に関連したヴィネット

　3つめのヴィネットは，「出身はどこか，どこがホームか？」である。記載内容を翻訳し整理したものが第4表である。なお，下線部は，相互性と関連する箇所と判断し，筆者が施したものである。

　このヴィネットでは，第二次世界大戦前，ヨーロッパで最大の中国人コミュニティーとなっていたオランダのカテンドレヒトに住んでいた実在の人物に関する物語を例に，中国からの移民とコミュニティーからの好意的ないし差別的な対応について把握させようとしている。そして，この事例をきっかけにして，「ホームにいると感じること」の意味を探求していく。

　先述のビダフらによる相互性についての言及のうち，「共同体意識と相互理解」をメインにさせたヴィネットであると解される。それに加えて，ヴィネットでは「あなたは地元のどこにいるか？　あなたが家にいると感じるところはどこか？」という発問が明示されており，自分自身の帰属意識につい

第4表　ヴィネット例「出身はどこか，どこがホームか？」

説明	このヴィネットの目的は，ヨーロッパ諸国の移民と社会参加に関する現在の議論に関連している可能性があるため，「ホームを感じる」という概念を探ることである。地理の教科書では，移住の理由，移住の種類，国や都市における移民の空間分布に多くの注意が払われている。生徒は，さまざまなスケールで移民パターンを説明するための概念を学んでいる。移民が新しい場所に定住するとき，彼らは自らが自分らしく感じることを妨げる無限の不確実性に直面している。それは，言語の障壁から，さまざまな社会的規範，確立された居住者から彼らを分離する法的規制まで多岐にわたる。移民がどの程度彼らの新しい故郷，彼らの都市または近所とつながっていると感じるかについてはほとんど注意が払われていない。彼らはくつろいでいるか？　なぜか，なぜそうでないのかというように，居心地の良さに注意を向けるとき，それは通常の場合，統合と同化の観点から考察されている。ただし，「ホーム」と「所属」の感情は，統合されていない状態と完全に同化している状態の単純な連続体よりもはるかに複雑で多次元的である。
考察	「ホーム」の概念を明確に説明することはできないかもしれないが，それは日常生活が行われる場所，あなたが安全だと感じる場所として定義することができる。しかし，「ホーム」はあなたのアイデンティティの基礎でもある。移民の文脈における「ホーム」は，2つの方法によって解釈することができる。まず，1つめは国家的なアプローチである。この場合，「ホーム」は，移民の出身国の地理的境界と一致する。この観点から見ると，文化，アイデンティティ，出身国，そしてホームにいることの感覚が一致している。「ホーム」は移民の出身地である。しかし，国境を越えたアプローチでは，ホームの感覚は領土の空間とはあまり関係がなく，人々が望むように自分の生活を形作ることができる空間に関係している。帰属意識は母国の国境を越えている。これらの人々にとって，彼らの国民的アイデンティティと出身国との間のつながりは，多くの可能なつながりの一つではあるものの，それは唯一のものではない。だから，ホームとは，あなたがどこから来たのかではなく，あなたがホームにいるように感じる場所である。これは，複数の国のさまざまな場所に及ぶこともある。 　中国，オランダ，モロッコ，ドイツ，パキスタン，米国のいずれの国から来た場合でも，通常は国の箱，多くの場合パスポートに記載されている国，または両親の出身国に入れられている。そのことは，多くの人にとって，彼らが誰であるかについて言及しないままである。あなたはどのような人なのか。多くの人にとって，「国民」というより「地元」の人というほうが多いかもしれないという主張がある。そして，私たちが住んでいた場所（都市，近隣地域）が私たちのアイデンティティに貢献しているのである。ここで質問を提起する：あなたは地元のどこにいるか？あなたがホームにいると感じるところはどこか？ 　これらの質問に答えるために，「ホームにいること」または「地元」であることの3つの特性（3つのR）について以下に示す。 1　儀式 Rituals：その場所であなたはどんな日常活動をするか？　学校に行ったり，サッカーをしたり，買い物をしたり，教会やモスクに行くか？　あなたは何を食べるか，家で何をするか，例えば靴を脱いで過ごしているか？

> 　2　関係 Relationships：誰と定期的に直接（面と向かって）接触するか？　あなたにとって誰が重要であるか？
> 　3　制限 Restrictions：ここにいることは許可されているか？　立ち入りできない場所や制限はあるか？　安全だと思うか，それとも何らかの形で排除されているか？（許可，差別，暴力について考える）
> ホームにいると感じることができ，複数の場所で地元だと感じることができるのは，別の場所で生まれたか，住んでいたからである。例えば，定期的，年に1回，別の場所にいるからである。私たちが3つのRを考えるとき，自分の来歴や，どこをホームと感じ，自分は誰なのかについて，まったく異なる絵が浮かぶだろう。

https://www.geocapabilities.org/vignettes/ より筆者訳出・一部省略。下線は筆者による。

て，「儀式（Rituals）」「関係（Relationships）」「制限（Restrictions）」という3つの側面から内省的に考察させようとする工夫がみられる。相互性という概念の志向する「社会で最も疎外されているグループの参加」や「他者との違いの認識と尊重」への配慮も見て取れる。

3.5. 小括〜ケイパビリティプロジェクトにおける教育像〜

　本研究では12個あるヴィネットのうち，わずか3つの紹介にとどまった。おそらく，4つの下位概念のうち「エージェンシー」についてのヴィネットについての考察がないことに疑問を持たれるかもしれない。しかし，他の9つのヴィネットにおいても共通していることとして，OECD Education 2030 で吹聴されているような「社会参画」や「行動」にダイレクトに関与しようとするヴィネットは1つもないことは明言しておきたい。エージェンシーとは，同プロジェクトの文脈においては，決してアウトカム志向の授業によって育まれるものではなく，「自身の価値観や目的に関して判断できる」という人物像に立脚し，あくまでも PDK の教授を通して消極的・間接的に寄与しようとする姿勢に垣間見ることができる。

4．おわりに

　本研究では，同プロジェクトの第3段階である「社会正義のためのケイパ

ビリティ」における取り組みについて紹介してきたが，最後に，同プロジェクトの今後のさらなる発展を期して，課題を指摘しておきたい。

　まず第一に，日本においても，第3段階の社会正義に向けたプロジェクトに関与する必要がある。欧州の社会状況は，日本やアジアにとって対岸の火事として看過するわけにはいかない。日本国内では，実際に多様な民族が集うコミュニティーが増えており，外国人労働者の受け入れに関する新しい政策の導入を受け，社会格差の増大などの課題は切迫している。昨今指摘されるように，恵まれた裕福な家庭環境にある子どもたちのほうが，優れた水準の教育を受けることができるという社会状況は，決して社会的に公正な状態であるとは言えない。これまでの同プロジェクトに対する日本の貢献は，上記の第1～2段階への関与にとどまっており，第3段階へのコミットが課題となっている。

　同プロジェクト第3段階の推進は，ランバートから同僚のミッチェルへと引き継がれた（Mitchell, 2019）。また，同プロジェクトに参加しているビダフは，本科研による来日の際の授業視察などを通じて，日本の状況についてよりよく理解した存在であるといえる（ビダフ・志村，2019）。筆者をはじめとする日本の研究者が，ビダフやミッチェルらとともに，ケイパビリティを通した社会正義への寄与という課題に取り組むことは，日本における学校や地理教師，そして社会的に恵まれない環境下にある子どもたちが直面する問題状況に対して，大きな示唆を与えてくれることは間違いない。

　第二の課題は，社会正義を志向するヴィネット開発は，「移民」という内容や視点のみによってなされるものではないという点である。たしかに欧州の社会情勢を考慮した場合，移民を題材とした国際共同研究はある程度の共通性を帯びたものになった。それは，日本やアジアにおいても同様である。しかしながら，地理教育が社会正義に寄与できる機会や題材は，これに限定されるものではないだろう。例えば，気候変動や食料問題，新型コロナウィルスのようなコンテンツであっても，エージェンシー，配分的正義，関係的

正義，相互性・認識・誤認識と関連した PDK の抽出は可能であると思われる。後述のアジアにおける共同研究の可能性を視野に入れたとき，「移民」以外のオルタナティブが浮上する可能性がある。

　第三の課題は，さらなる国際発信，特にアジアへの普及である。同プロジェクトは，日本だけでなく，中国やシンガポール，インドなどの研究者がパートナーとして加わっている。日本における実践的な取り組みは，金を筆頭とする論文によって国際発信を果たすことができた（Kim *et al.,* 2020）。この成果は，日本の研究者とイギリスの研究者の交流によるところが大きい。同様に，欧州とアジア諸国の研究者間の相互交流は行われているようであるが，アジアにおける研究者間の相互交流は活発であるとは言いがたい。とりわけ，気候変動に関する教育を専門とするシンガポールのチューフン・チャンとは連携可能性が高いように思われる（Chew Hung, 2014）。理論研究の発信地としての欧州の動向は継続して対象としながら，今後はアジアの研究者や学校教師を巻き込んだ同プロジェクトの普及こそが，日本の研究者と実践者にとっての使命となるに違いない。

注

1）出典：http://www.geocapabilities.org/training-materials/module-1-the-capabilities-approach/theory/（2020年9月1日確認）
2）なお文中の下線は，後掲のヴィネットと対照可能なように筆者が施したものである。

文献

井田仁康・伊藤直之・佐々木拓也・吉田裕幸・清水さくら（2017）：地理的見方・考え方にもとづく生活文化の多様性―シリーズ第3回．地理，62(8)，pp. 96-101.

伊藤直之（2012）：イギリスにおける地理カリキュラム論争―スタンディッシュとランバートの教育論に着目して―．社会科研究，76，pp. 11-20.

伊藤直之（2014）：ランバート論文の示唆するもの―パワフル・ナレッジに基づくカリキュラムと「ケイパビリティ・アプローチ」―．社会科研究，81，pp. 12-14.

小村俊平・金井達亮（2018）：これからの教育とSDGs：―生徒がエージェンシーを発揮する学びとは．学術の動向，23(8)，pp.38-43.

佐々木拓也（2016）：カリキュラム・メーカーとしての地理教師―英国ナショナル・カリキュラム下における教師の自律性―．広島大学大学院修士論文．186p.

志村喬・山本隆太・広瀬悠三・金玹辰（2017）：イギリス発「地理的見方・考え方」に気づく1枚の図―シリーズ第1回．地理，62(6)，pp.96-101.

志村喬（2018）：イギリス教育界における「知識への転回」と教員養成―地理教育を中心に―．松田愼也監修『社会科教科内容構成学の探求―教科専門からの発信―』，風間書房，pp.212-234.

ビダフ，M.・志村喬（2019）：イギリスにおける教員養成改革の教科教員養成への影響―地理教員養成の事例―．*E-journal GEO*，14(2)，pp.404-412.

ヤング，M.〔菅尾英代訳〕（2017）：「力あふれる知識」は全ての児童・生徒にとって学校カリキュラムの基盤になりうるか．カリキュラム研究，26，pp.91-100.

ランバート，D.〔広瀬悠三・志村喬訳〕（2017）：地理の教室では，誰が何を考えるのか？―力強い学問的知識とカリキュラムの未来―．新地理，65(3)，pp.1-15.

Biddulph, M., Bèneker, T., Mitchell, D., Hanus, M., Leininger-Frézal, C., Zwartjes, L., & Donert, K. (2020) Teaching powerful geographical knowledge ― a matter of social justice: initial findings from the GeoCapabilities 3 project. *International Research in Geographical and Environmental Education*, 29(3), pp.260-274.

Bustin, R. (2019): *Geography education's potential and the capability approach: GeoCapabilities and schools*. Palgrave Macmillan, 197p.

Chew Hung, C. (2014): *Climate Change Education: Knowing, doing and being*. Routledge, 172p.

Kim, H., Yamamoto, R., Ito, N. and Shimura, T. (2020)：Development of the GeoCapabilities project in Japan: Furthering international debate on the GeoCapabilities approach. *International Research in Geographical and Environmental Education*, 29(3), pp.244-259.

Lambert, D. (2014): Curriculum thinking, 'Capabilities' and place of geographical knowledge in schools. 社会科研究，81，pp.1-11.

Mitchell, D. (2019): *Hyper-Socialized*: *How teachers enact the geography curriculum in Late Capitalism*. Routledge, 196p.

Young, M. and Lambert, D. (with Roberts, C. and Roberts, M.) (2014)：*Knowledge and the future schools: Curriculum and social justice*. Bloomsbury, 224p.

第 2 章
子どもに PDK を獲得させるために必要な専門的力量
―公民教育を例に―
中平 一義*

Chapter 2

Teachers' professional properties in powerful disciplinary knowledge:
Civic education as an example
Kazuyoshi NAKADAIRA*

ABSTRACT

In this paper, we consider powerful disciplinary knowledge (PDK) in Japanese social studies education from the perspective of teachers who teach civic education.

Civic education relies on various disciplines, and it is difficult to obtain proficiency in all of them. However, if we can at least recognize the principles of the disciplines that make up modern society, we will be able to acquire a civic "perspective." Education that makes use of this "perspective" enables us to judge contemporary society and to envision a future society.

For example, in order to master freedom of thought and conscience, we must recognize the existence and value of freedom of thought and conscience. We have discovered and developed the values and concepts that make up modern society, such as human rights and democracy, through many sacrifices and efforts. Through this lens, we may perceive what would happen if these qualities were lost. Social studies teachers in Japan have a professional responsibility to foster people who can shape the future based on their reflections on the past, thereby forming a better society. Therefore, teachers need to acquire "professional properties." that would otherwise prevent them from fulfilling their educational responsibilities.

---

*上越教育大学　Joetsu University of Education

1．はじめに

　近年，「知識基盤社会」の到来や，Society5.0をはじめとする情報社会の劇的な変化により，これからの社会で必要とされる「○○」力なるものをめぐって，様々な場面で教育論が展開されている[1]。このように，いつの時代にも関心が高く，議論の的になるのが教育である。その教育に対して広く期待され，責任を担うのが教師である。では，教師にはどのような「○○」力が求められるのだろうか。

　中央教育審議会（2016）は，平成18年7月，平成24年8月，平成27年12月に答申を示し，これからの教師に求められる資質能力等に言及している。それぞれを抜粋して整理すると次のようになる（第1表）。

　なお，これらの前提として「いつの時代の教師にも求められる資質能力」が，「使命感や責任感，児童・生徒に対する教育的愛情，教科や教職に関する専門的知識，実践的指導力，総合的人間力，コミュニケーション能力等」として示されている。さて，どの時代にも共通して教師に求められる資質能力等が変化への対応である。すなわち，「変化の時代を生きる社会人に求められる」，「新たな学びを展開できる」，「時代の変化や自らのキャリアステージに応じて求められる」ものである。社会が変化し，子どもや家庭も変化することを考えると，それに応じた教育が求められ，そして教師にも変化への対応が求められているのである。

　そこで本稿では，一般的な教職論ではなく教科教育としての社会科教育，特に公民教育を担う教師に必要な資質能力等としての専門的力量について考察する。以下では，次のように考察を進める。まず，教員養成研修プログラムなどの構築に関わる未来3型と呼ばれる教育の目的，その教育で子どもに育成を目指す力強い学問的知識の内容について考察する。次に，これまでの社会科教育の研究成果から，未来3型と同様の目的をもつ研究を考察する。最後に，現在の社会を構成するシステムなどを理解し，よりよい未来を形成

第 1 表　これからの教師に求められる資質能力等の変遷

	これからの教師に求められる資質能力等の内容
平成18年7月	地球的視野に立って行動するための資質能力（地球，国家，人間等に関する適切な理解，豊かな人間性，国際社会で必要とされる基本的資質能力，<u>変化の時代を生きる社会人に求められる資質能力</u>（課題探求能力等に関わるもの，人間関係に関わるもの，社会の変化に適応するための知識及び技術），教員の職務から必然的に求められる資質能力（幼児・児童・生徒や教育の在り方に関する適切な理解，教職に対する愛着，誇り，一体感，教科指導，生徒指導等のための知識，技能及び態度）
平成24年8月	（ⅰ）教職に対する責任感，探究力，教職生活全体を通じて自主的に学び続ける力（使命感や責任感，教育的愛情） （ⅱ）専門職としての高度な知識・技能 ・教科や教職に関する高度な専門的知識（グローバル化，情報化，特別支援教育その他の新たな課題に対応できる知識・技能を含む） ・新たな学びを展開できる実践的指導力（基礎的・基本的な知識・技能の習得に加えて思考力・判断力・表現力等を育成するため，知識・技能を活用する学習活動や課題探究型の学習，協働的学びなどをデザインできる指導力） ・教科指導，生徒指導，学級経営等を的確に実践できる力 （ⅲ）総合的な人間力（豊かな人間性や社会性，コミュニケーション力，同僚とチームで対応する力，地域や社会の多様な組織等と連携・協働できる力）
平成27年12月	自律的に学ぶ姿勢を持ち，<u>時代の変化や自らのキャリアステージに応じて求められる資質能力を生涯にわたって高めていくことのできる力</u>や，情報を適切に収集し，選択し，活用する能力や知識を有機的に結びつけ構造化する力。アクティブ・ラーニングの視点からの授業改善，道徳教育の充実，小学校における外国語教育の早期化・教科化，ICT の活用，発達障害を含む特別な支援を必要とする児童生徒等への対応などの新たな課題に対応できる力量。「チーム学校」の考えの下，多様な専門性を持つ人材と効果的に連携・分担し，組織的・協働的に諸課題の解決に取り組む力。

中央教育審議会（2016）を基に筆者作成（下線は筆者による）

することを目指す公民教育に焦点を絞り，それまでの考察内容をふまえて教師に必要な資質能力等としての専門的力量について述べていきたい。

2．未来 3 型の教育が目指すもの

2.1．ケイパビリティと未来 3 型の教育

　いわゆるケイパビリティ論を教育の文脈から読み解き，教員養成・研修プログラムの構築を目指している「地理ケイパビリティ・プロジェクト」の理

論的根拠となる D. ランバートの考え方は，次のように整理されている（志村，2018）。すなわち，「学校教育の目的は，A. センのケイパビリティ論を用いて，子どもの将来の選択の自由をもたらす潜在能力（ケイパビリティ）を拡大すること」，「潜在能力（ケイパビリティ）の拡大とは，教科教育の文脈でいえば，力強い学問的知識（powerful disciplinary knowledge，以下では PDK とする。）の獲得」である[2]。この PDK について詳しくは後述するが，ここでは D. ランバートが教育の文脈からケイパビリティを論じている理由を確認する。

　D. ランバートは，教育を未来 1 型から未来 3 型まで分類している（志村，2018）。未来 1 型の教育とは，「生徒が記憶して再現することが求められるような，正当で「与えられ」，前もって決定されている内容を伝達する」ものである。ここでの教師は，「知識の源泉や，知識がどのように生成あるいは検証されたのかにほとんど注意を払わない」とする。未来 2 型は，未来 1 型を拒否する。未来 2 型の教育とは，「子どもを子ども自身の創造力から教育する」ものである。ここでの教師は，「学習することを享受することよりも称賛し，伝達可能でソフトなスキルの方が専門的知識よりも優れている」と考えるという。しかし，教師は「他者へ何を（そしてなぜ），それを教えるべきなのかという決定を放棄」し，「学習のファシリテーター」としての役割に追いやられる。D. ランバートは，そのような未来 1 型，未来 2 型をも拒否する。彼は教育の役割を「子どもたちが事物を異なって見えるようにし，苦労や難しい考えに直面し，新しいやり方で考えることに関わるべき」とする。ここでの教師の役割については，「人間として子どもの可能性を単純に認めるということ以上を要求する」とする。そして，子どもを未来に立ち向かうことができる能力（capable）ある人間にするための取組をケイパビリティ・プロジェクトとし，そのために未来 3 型の教育を主張する。未来 3 型の教育では，「よりよい知識および／あるいは主張を見抜き，支持できるよい一般化を行うことができるようになるために，理論的（抽象的）に考える知

識と手段をすべての若者が習得するという教育的権利を強く主張」する。

　つまり，未来 3 型は子どもに社会の現状を理解させる（社会化）だけでなく，よりよい社会の形成者にする（主体化）ことを目指しているのである（ビースタ，2016）。そして，そのために子どもに獲得させるものが PDK である。

2.2. PDK の内実

　PDK は次のように説明される（志村，2018）。すなわち，「PDK とは，若者が家庭で，あるいは日常的な事物や人との関わりでは身につける可能性が低い知識を指す」である[3]。子どもが PDK を獲得することについては，基本的には学校という場でしかできないこと，学校という場だからこそできることがあるとする。その学校で子どもの PDK 獲得のための教育を担う教師には，専門的力量が必要である。その専門的力量とは，カリキュラムを構築し実施することである。カリキュラムの構築には，三つの視点を教師がバランスよく読み取る必要性が示されている。D. ランバートは，三つの視点を地理の PDK を例に示した。それは，①目の前の子どもの日常経験の把握，②教科としての地理の学問的背景の把握，③目的適合的な教授法選択である。もし，①を把握せずに②や③を展開すると子どもの実態に関わりなく教育内容とされるものを教え込むことになり，場合によっては未来 1 型に陥ることも考えられる。一方で，①にこだわり学習者としての子どもの立場を殊更に重視するとなると，場合によっては未来 2 型に陥ることも考えられる。やはり，①〜③を絶妙なバランスで反映するカリキュラム構築が必要なのである。

　では，日本の社会科教育では，①〜③のような視点をどのように考えてきたのだろうか。そしてそこでは，子どもにどのような力を身につけさせることを目指してきたのだろうか。

2.3.　社会科教育とPDK－「教える」ことと「育つ」ことの連関

　社会科教育は，子どもの知的側面と態度的側面の統一的な育成をめざすものである。両者が分離すると，前者は抽象的な知識のみになり具体的な思考が阻止され，後者は道徳的な徳目主義のようになる（上田，1974）。よって，両者は，分かち難いものなのである。では，両者を統一的に育成するにはどのような社会科教育の内容や方法が考えられるのだろうか。

　影山（1974）は，知識理解といった知的側面と，態度・能力といった態度的側面の統一的形成は，戦前の教育に対する反省（倫理学や法律学などのいわゆる"学"の知識を獲得させても，それは実生活に生きて働くことができなかったという反省）に基づいているとする。しかしながら，その反省を受けて構想され展開されているはずの社会科教育に対する懸念を次のように指摘する。すなわち，「「何を」教えるかという問題は，「いかに」教えるのかということと切り離しがたい関係にあるとした上で，それらを切断したところで教育内容が構想され，それに応じて教育方法の工夫がされてしまうことに問題がある。」である。影山は，「教える」ことが即そのまま「育つ」ことにつながるという楽観主義を戒める必要があると指摘する。そこで，教える内容のもつ系統性が子どもにとって「わかる」ための基本条件であるということよりも，「わかる」プロセスを大切にする必要があるとする。その「わかる」プロセスとは，すなわち子どもの「学ぶ側の論理」に立つことである。教育内容の系統性をそのまま固定的にして「教える」ことが即育つことになるという「教える側の論理」で授業を展開したり，教育内容そのものを決めたりしてはならない。「学ぶ側の論理」に従って教育内容を構想することにより，子どもにとって生きて働く内容になるとしている。

　この「学ぶ側の論理」や「教える側の論理」と，D.ランバートのPDKを育む上記①～③との関係はどのように考えられるのだろうか。②は，「教える側の論理」としての教育内容である。③は，「教える側の論理」としての教育方法である。②と③のみで教育を行うことは，「教える側の論理」で授

業を展開することになることが考えられ，これは未来 1 型と近接する。一方で，①は「学ぶ側の論理」である。①を中心として③と教育を行うことは，「学ぶ側の論理」に偏った授業を展開することになると考えられ，これは未来 2 型と近接する。①〜③をバランスよく展開し PDK を育むには，「学ぶ側の論理」と「教える側の論理」の結節点を探る必要があるだろう。そこに教師の専門的力量が問われてくるのである。では，私たちはその結節点をどのように捉えればよいのだろうか。

3．「学ぶ側の論理」と「教える側の論理」の結節点

3.1．「学ぶ側の論理」の明確化—有田和正の社会科教育研究の成果から

　D．ランバートらは，ケイパビリティ・プロジェクトとして，教師自身のPDK を育むため，さらには子どもの PDK を育む教材の事例としてヴィネットを示している。地理の文脈からいえばヴィネット（Vignette）は「地理授業における PDK の簡潔な短編事例」とされる[4]。そのような，ヴィネットと同様に一枚の絵や写真などから子どもの「見る」目の育成を目指した有田和正の実践を参考にする（有田，1986）。

　有田は，子どもが「色めがね」（固定観念）でものを見ている実態に気がついた。「色めがね」（固定観念）の一例は，次の有田と小学校 1 年生の子どもとの会話にあらわれている。

　　　有田「このだんご虫，おもしろいよ。ほら，見ててごらん。ちょっとさわると丸
　　　　　くなるよ。」
　　　子ども「いや！　気持ち悪い！」
　　　有田「気持ち悪い？　　かわいいじゃない！」
　　　子ども「だって，お母さんが『気持ち悪い』って言ってたもん。」
　　　有田「君はどうなの？」
　　　子ども「……」　　　　　　　　　　　（有田，1986，p.14 を参考にして，筆者作成）

　親の「見る」目を，子どもがそのまま受け入れている様子が伝わる。一方

で，有田が子ども自身の考えを尋ねても，そこに返答はない。もう一つだけ
子どもの「色めがね」（固定観念）の例を見てみたい。今度は，有田と小学校
2年生の子どもとの会話である。

> 有田「あした，さつまいもを掘りに行くのだけど，さつまいもはどのような形で
> 　　　土の中にあるでしょう。」
> 子ども「じゃがいもは地下茎で，根ではありません。さつまいもは，根で，同じ
> 　　　ように見えるけど茎と根で違います。」
> 　　「さつまいもは，地下水が深いところがいいです。つまり，比較的乾燥し
> 　　　た土地のいもがおいしいです。保谷農園は地下水が深いのでいもはおいし
> 　　　いはずです。」
>
> 　　　　　　　　　　　　　　　　（有田，1986，p.16を参考にして，筆者作成）

　この子どもは「知識」でものを見ている。さつまいも掘りに行く前に，土
の中のさつまいもの様子を絵に描かせたところ，この子どもの絵はナスのよ
うなものであった。そして，実際にさつまいも掘りに行った後に描かせた絵
も，当初の絵と変わらなかった。このように，知っているだけで，わかって
はいない子どもは，身近な大人の話や書籍などから獲得した知識だけを，も
のを「見る」目としてしまう実態がある。そこで有田は，ただ「見る」ので
はなく，本質を「見ぬく」ことができる力を育成することを目指した。なぜ
なら，そのように見ることが，子どもの学習生活や人格形成などの生活の重
要な要素と考えたからである。有田は「見る」ということを，「対象を具体
的に生き生きと捉えさせる」，「新しい発見につながる」，「真実に迫り，思考
活動を活発にする」，「ことばを生み出し，ものに即した言葉を創造する」，
「ほかの感覚的把握を刺激する」と整理した。子どもは，例えば，いろいろ
なところに旅行をしたりしてさまざまな経験をしたりしているようで，実際
には「経験欠乏症候群」に陥っているとする。そこからの脱皮のために，有
田は子どもの「見る」目を育成することを目指した。次の第1図は，有田に
よる子どもの「見る」目を育てるための考え方である。このように有田は，

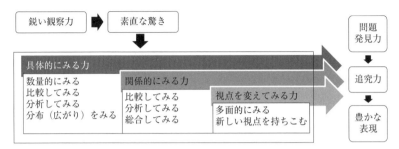

第1図　子どもの「見る」目を育むための視点

有田（1986, p. 57）を参考にして，筆者作成

子どもの「具体的にみる力」,「関係的にみる力」,「視点を変えてみる力」と
いった三つの力を育成することで，問題発見力や追究力，さらにはそれを表
現する力を養うことができるとした[5]。

　有田は，「学ぶ側の論理」を見極め，それを揺さぶることで，子どもの固
定概念をひっくり返すことにより「見る」目を育成することを指摘している
のである。有田がその育成の必要性を指摘する「見る」目は PDK と近接す
ると考えられる。さらに，ある課題に対する「学ぶ側の論理」をつかみ取り，
それを揺さぶるような問いや教材を「教える側」が用意することは，まさに
D. ランバートの①～③の未来3型カリキュラムと同様のものと捉えること
ができる。

　ただ，有田の指摘から「教える側」が配慮しなければならないことが浮か
び上がる。それは，「学ぶ側の論理」には二種類あるということである。一
方は，いわゆる「子ども固有の見方」とされるものであり，もう一方は，
「教える側の論理をそのまま疑うことなく自分の論理として固定化している
見方」とされるものである。このように二つに分かれる「学ぶ側の論理」を
うまくつかみ取らないと，例えば，PDK の①～③をバランスよく授業展開
しているようで，実際には，①と③になっているかもしれないのである。
「学ぶ側」も「教える側」もその実態に気がつかなければ，単に社会の現状

と理解し，追認し，再生産するだけを求めることになりかねない。子どもに
PDK を育む未来 3 型を行う教師の資質能力等としての専門的力量には，「教
える」ことと「学ぶ」ことの架橋を楽観視せず，その分離と連関を見極め子
どもの「見る」目を養うことが大切なのである。

3.2. 「教える側の論理」の明確化－教師と学生の視点の相違から

　ところで，公民教育（中学校社会科公民的分野，高等学校公民科）から PDK
を考えると，地理教育や歴史教育とは異なる課題が存在する。地理教育や歴
史教育には，それが依拠する学問（discipline）としての地理学や歴史学があ
る。しかしながら，公民教育には共通した学問体系がない。公民教育の内容
は，例えば法律学や経済学，政治学，宗教学，倫理学など依拠する学問が多
岐にわたるためである。一方で，公民教育が依拠する学問は，現代社会を構
成するという面からいえば，複雑に絡み合いながら存在している。もちろん，
地理学も歴史学も細分化された学問体系が存在する。法律学や経済学も同様
である。これら細分化された学問は，そのひとつひとつでさえ極めることは
困難なほどに重厚である。では，教師に必要な専門的力量として，それら学
問のどこまでを獲得する必要があるのだろうか。

　そこで，税に関する問題について，10年以上の教職経験をもつベテランの
中学校社会科教師（3 人）と，中学校社会科及び高等学校公民科に関わる免
許科目を履修している学生（29人）の「見る」目の相違を比較した研究（中
平，2019）を振り返ることにより，公民教育における「学ぶ側の論理」と
「教える側の論理」を架橋する PDK に迫っていきたい[6]。

　題材とした税に関する問題は，フェイクニュースである。フェイクニュー
スには，それを伝える側が何らかの政治的意図が内包され他者をだますこと
により社会認識に影響を与えることを意図するものから，社会風刺を含んだ
ユーモアあふれるものや，単なる嘘などがある。様々な特徴をもつフェイク
ニュースを受けとる側が，どのように理解するのかにより，フェイクニュー

ス自体の意味が異なることになる。ここでは，社会風刺を含んだユーモアあ
ふれるフェイクニュースを参考に行う。

　　まず，初見でフェイクニュースに触れた際の，ベテラン教師と学生との
「見る」目を比較する。次に“たねあかし”をした後の各自の自己分析を比
較する。題材としたフェイクニュースは，以下の「政府，「下戸税」導入を
検討　若者の酒離れに着目」というものである。この内容について，学生や
教師には何も説明せず，何も質問を受けずに，自分自身でどのような感想や
意見をもつのかを尋ねた。

〔政府，「下戸税」導入を検討　若者の酒離れに着目〕

　　飲酒しない成人に課税する「下戸税（仮称）」の導入を，政府が検討している
ことが16日，本紙の調べでわかった。「若者の酒離れ」対策として，税収はアル
コール飲料振興の財源に充てる。早ければ，2019年度の税制改正大綱に盛り込み
たい考え。飲酒習慣の変化や改正酒税法による安売り規制のため，近年アルコー
ルを飲まない若者が増えていることから，政府は「若者の酒離れ」による税収減
をまかなうため，月1回以上酒を飲まない成人に課税する「下戸税」を新たに導
入する検討に入った。税額は1人年千円程度とする見通し。納税は給与から天引
きするかたちで行われ，スーパーや居酒屋の領収書で飲酒したことを証明すれば
還付される。税収はワインの試飲会や酔拳の演武会，海外の有名アーティストを
起用した「ビール音頭」の制作，飲酒量に応じてポイントがたまる「アルコール
マイレージ」アプリの開発など，アルコール飲料振興の財源に充てるとしている。
ある財務省幹部は「酒離れが進めば下戸税の，逆に酒の消費が増えれば酒税の税
収増がそれぞれ期待できる。どちらに転んでも課税がはかどる画期的な仕組み。
『コップの水が減った』と嘆くのではなく，『空気が増えた』と考える逆転の発想
だ」と自信をのぞかせる。酒に限らず「若者の○○離れ」が叫ばれて久しい昨今
だが，政府では下戸税導入後の税収の推移を見ながら，さらに「嫌煙税」「独身
税」「自宅滞在税」など租税回避を防ぐ仕組みを拡大させたい意向だ。

　　　　　　　　　　　　　虚構新聞ホームページ（2018年1月17日）より転載7)

　学生と中学校の社会科教師の意見などは次のようなものであった（第2表）。紙幅の関係もあるため一部ではあるが紹介する[8]。なお，問いは（1）「フェイクニュースであることを知らされる前に，この記事を読んでどのように考えたのか」，（2）「フェイクニュースと見抜くことができなかった（学生）理由は何か，見抜くことができた（教師）理由な何か」である。

　A，Bの学生はともに，「下戸税」の課題や社会的影響について真面目に回答している。このような意見は，A，Bの学生に限ったことではなく，29人の受講生の大半が記した。学生は記事の中の語句が，実際に社会に存在するもの（税制改正大綱など）であったことを理由に信用していた。Bの学生は，別のニュースで「若者とお酒との付き合い方が過去のそれと変化している」ことを聞いており，それを根拠にして今回のフェイクニュースも正しいものと疑うことがなかった。他にも，以前の調査（中平，2018）と同様の結果として，「先生が配ったものだから信用した」と答える学生が多くいた。これらは，先の二つの「学ぶ側の論理」のうち，「教える側の論理をそのまま疑うことなく自分の論理として固定化している見方」とされるものであるとも言える。

　ここで，教師の回答を参考にしたい。教師は，このフェイクニュースを嘘であると確信をもって回答した。その理由を，ⅠやⅢの教師は，課税の原則論や機能論などの基本から考えた。Ⅱに関しては，学生と同様の意見であるが嘘だと考えた。学生はフェイクニュースの中にある語句（政府や税制改正大綱など）に視点をおいて判断したが，教師は書かれている内容に視点をおいて判断していたのである。税制度に関しては，租税法の体系を通じて実現される（租税法律主義），「公平・中立・簡素」といった租税三原則がある[9]。教師は税に関する原理原則を理解し，フェイクニュースの内容がその原則に合致しないことを前提に嘘であると判断したのである。さらに，教師Ⅲは，この内容が仮に存在するとしたら「不作為への課税」になると判断した。これは，これまでの価値の総体として国家が法律で飲酒を奨励するといったこと

第2表　フェイクニュースに対する学生と教師の捉え

	（1）の回答	（2）の回答
学生A	「下戸税」というものの導入の記事でしたが，月1回ぐらいお酒を飲んでも問題ないのかもしれないが，健康のために飲まない人もいるのかもしれない。また，アルコールアレルギーの人もいると思う。そのような様々な人がいる世の中で，アルコール飲料を飲む義務みたいな感じになってしまう税金を取ってはいけないと思う（以下略）。	記事の中に政府などの単語があったから。
学生B	政府が税の財源として「下戸税」を導入するというのは，不足分の税収を賄うのにはよい考えだと思う。しかし，アルコールアレルギーの人から無理やりとるのはよくないと感じる。また，月1回以上と設定していると，一本数百円のお酒を買い，下戸税を払わなくても済むとしたら，財源が想定している額よりも少なくなってしまうと考える（以下略）。	実際に飲酒習慣の変化についての記事を他にみたことがあったから。
教師Ⅰ	税の公平性の観点からいって，問題がある課税だと思う。	直接税をかけるために，国に余計な個人情報（体質的にお酒を飲めるのか否かなど）や思想，趣味などを伝えることになるのはおかしい。（後略）
教師Ⅱ	酒税，揮発油税，自動車税などは，何らかの消費に対して課せられる税である。仮に消費できない（お金がないなど）人たちに課税したら，生活が成り立たなくなってしまう。	日頃から，これっておかしくないかという感覚を身につけているから。
教師Ⅲ	不作為への課税になっている。飲酒の奨励を行政が行うことには大きな疑問が残る。	課税の基本，税の徴収方法の基本を考えるとこれが嘘だとわかる。そもそも，あるべき社会像を実現するための税制度である。

中平（2019, pp. 379-381）を基にして筆者作成

　はありえないという判断に基づいている。つまり，飲酒と健康を比較したときに，前者を大切にするという価値は現状では考えられないと判断しているからである。つまり，現在の社会を構成する税制度の原理原則を理解し（社会化），これまでと，これからの税制度のあり方から，フェイクニュースの

内容に対する価値判断（主体化）をしているのである。このような，原理原則を基に「見る」目を獲得し，それを変革しようとする例外規定などに対して，これまでの社会の形成プロセスを基にして，これからの社会をどのように形成するべきなのかを判断できるようにすることが，公民教育におけるPDKに共通した足場になるのではないかと考えている。

3.3.「学ぶ側の論理」と「教える側の論理」の結節点を活用する教育

　これまで未来3型カリキュラムのための①に近接する「学ぶ側の論理」を考える際に，知識の"うけうり"ではなく，「具体的にみる力」，「関係的にみる力」，「視点を変えてみる力」といった「見る」目を育成する必要性を指摘した。一方で，子どもには，いわゆる「子ども固有の見方」をする場合と，「教える側の論理をそのまま疑うことなく自分の論理として固定化している見方」をする場合があることを指摘し，そこへの配慮が必要であるとした。

　さらに，未来3型カリキュラムのための②に近接する「教える側の論理」を考える際に，公民教育が様々な学問に依拠していることから，そのすべてを把握することは困難であるとした。しかし，少なくとも現代社会を構成する諸学問の原理原則を認識することができれば，それを「見る」目とすることにより，その学問に関わる現在の社会を判断したり，これからの社会を構想したりすることができるとした。では，「学ぶ側の論理」と「教える側の論理」の結節点を，どのように考えればよいのだろうか。子どもの「見る」目と，諸学問の原理原則をいかにして架橋すればよいのだろうか。そこで，先述の税に関わる内容を例に考察する。

　例えば，「教える側の論理」として原理原則を理解させることを目指すことから考えてみたい。「学ぶ側の論理」として，固有の素朴な疑問を持つ子どもと，「教える側の論理」をそのまま受け入れる子どもに分けられる。その両者に，「なぜ，税金が存在するのか」という原理原則の問いを提示する。そして，子どもにこの問いを追究させることにより，「現在の税制度が成立

するにあたり，過去にはどのような課題があり，現在にいたるまでにどのように解決してきたのか」を認識させる。それにより，現在の社会を「見る」目を育成する（社会化）。さらに，その「見る」目を足場にして，現在の社会に存在する課題を見出し，これを解決するために構想する（主体化）。このような教育方法が，公民教育において，「学ぶ側の論理」と「教える側の論理」の結節点を架橋するひとつとして考えられる。

　教師は，「教える側の論理」としての教育内容を認識し，その上で「学ぶ側の論理」をつかみ取り，目の前の子どもにふさわしい問いを導き出す。そして，その問いを子どもに追究させることにより現在の社会の実態理解，課題抽出，課題解決の構想をさせることにより，PDK を獲得させるのである。

　なお，上記以外の具体的な教育方法については，紙幅の都合上，詳細に述べることができないが，少なくとも，未来１型のように教育内容を系統的に教え込んだり，未来２型のように子どもまかせにしたりするものではない。未来３型は，現在の社会を理解し，それを足場に未来を構想することができる内容を扱うことで PDK，つまり，生きて働く知識を育むことができる方法でなければならないだろう。そのためには，「学ぶ側の論理」をつかみ取ろうとする意識，「教える側の論理」として学問の原理原則の認識，それらを架橋する教育方法の選択について常に学び続け変化への対応ができることが，公民教育を担う教師の専門的力量として求められる。

4．おわりに

　本稿では，未来３型の教育で子どもに PDK の育成を行うために必要な教師の資質能力等としての専門的力量について考察した。「学ぶ側の論理」と「教える側の論理」の結節点を探ること，「学ぶ側の論理」の二面性，公民教育における「教える側の論理」としての原理原則の把握の必要性を述べてきた。

　最後に，公民教育の視点から PDK の有用性について考えたい。これまで

の人類の発展の中で発見され育まれた人権を例にすると，次のように考えられる。精神的自由の価値や権利を使いこなすには，精神的自由そのものの権利の存在とそれがよって立つ価値を認識しなければならない。なぜなら，それが失われた時に何が起きるのかを「見ぬく」ことが必要だからである。失われてはじめて気がつくようでは，取り返しがつかない。社会科は，以前の反省から，それを繰り返さない人の育成を目指しているからだ。もちろん，D. ランバートも述べているように，PDK は絶対的な価値としてではなく，常に再構築可能なものとして扱うものであるだろう。たくさんの情報と繋がりつつも，個々には様々な分断に直面している現代社会において，将来を担う子どもたちが現在の実態を認識し，そこにある矛盾や課題を「見ぬき」，よりよい社会の構想ができるような「見る」目の育成が大切である。そして，そのような教育を担う学校，教師に大きな期待が集まり，さらに，子どもにPDK を獲得させるための資質能力等として専門的力量が要請されているのである。

注

1 ）例えば，学力の世界的潮流を整理したものとして松下ら（2015）や，伝統的な学力だけでなく，コミュニケーション能力などのハイパーメリトクラシーが求められている社会の変化を指摘したものとして本田（2020）を参照。

2 ）「力強い学問的知識（powerful disciplinary knowledge）」とは，教育社会学者である M. ヤングが主張する学校教育において享受すべき価値ある知識「力強い知識（powerful knowledge）」を教科教育の文脈から述べたものである。

3 ）PDK は，次のような特徴を示す。すなわち，「抽象的・理論的で体系的な諸概念」，「知の生成・検証を経ているために確実ではあるものの絶対的ではない」，「常に再構築の契機をもつもので」，「反直感的であるため，子どもは学校教育体験以外の日常生活では獲得できにくい」，「子どもに，PDK を獲得させることを目指す授業実践のためには，教員自身が PDK の根拠になる教科専門知識を授業方法論とともに修得しておくべき」である。詳しくは，志村（2018）を参照。

4 ）詳しくは，Geo Capabilities Project の HP（https://www.geocapabilities.org, 最

終閲覧日2020年 8 月12日）を参照。なお，ヴィネットの説明は，同 HP 内の用語
集の日本語訳（山本隆太，志村喬，広瀬悠三訳）を参照。

5 ）　なお，有田は仏教の五眼（肉眼，天眼，慧眼，法眼，仏眼）を参考にして，手，
足，頭で見る目を総称して「心で見る」ことが，子どもの「見る」目を育むため
に活用できるとする。詳しくは，有田（1986）を参照。

6 ）　分析の対象とする現職の中学校社会科教師は，横浜国立大学法教育研究会
（http://www.sse.ynu.ac.jp/Social_HP/lawedu.html，最終閲覧日2020年 8 月12日）
に所属する30代から50代の，教員経験10年以上を超える中学校の教員である。同
研究会の名称や性質からもわかるように，教員の学問的背景は法学である。学生
は，学部 2 年生が大半だが，数人の大学院生が含まれている。詳しくは，中平
（2019）を参照。

7 ）　詳しくは，虚構新聞ホームページ（http://kyoko-np.net/2018011701.html，最終
閲覧日2020年 8 月12日）を参照。

8 ）　全体の詳細な内容は，中平（2019）を参照。

9 ）　租税法律主義や租税三原則の関係性や体系などについては，石黒（2012）を参照。

文献

有田和正（1986）:『子どもの「見る」目を育てる』，国土社.

石黒秀明（2012）:租税原則と租税正義に関する一考察. 上武大学ビジネス情報学部
　　紀要，11(1)，pp. 1-30.

上田薫（1974）:社会科の本質的立場. 浜田陽太郎・上田薫編著『教育学講座　第10
　　巻　社会科教育の理論と構造』，学習研究社，pp. 31-41.

影山清四郎（1974）:教科内容の構造と教材の性格―問題解決学習の必要性. 浜田陽
　　太郎・上田薫編著『教育学講座　第10巻　社会科教育の理論と構造』，学習研究
　　社，pp. 2-16.

志村喬（2018）:学校教育で「持続可能な社会づくり」を実現する教員養成のあり方
　　―地理教員養成・研修をめぐる国際動向. 科学，88(2)，pp. 166-170.

中央教育審議会（2016）:教員に求められる資質能力等について（近年の提言等より
　　抜粋）. 教員養成部会（第92回）配布資料.（https://www.mext.go.jp/b_menu/
　　shingi/chukyo/chukyo3/002/siryo/__icsFiles/afieldfile/2016/03/25/1367367_06.
　　pdf，最終閲覧日2020年 8 月12日）.

中平一義（2018）:情報社会の現代的課題に対する NIE の有用性に関する研究―フェ
　　イクニュースに対する学生の認識に関する分析を通して. 日本 NIE 学会誌，13，

　　pp. 11-20.

中平一義（2019）：ケイパビリティ論に基づく公民教育における PDK：フェイクニュ
　　ースに対する学生と教員の捉え方の差異から．上越教育大学研究紀要，38(2)，
　　pp. 375-386.

ビースタ，G.〔藤井啓之・玉木博章訳〕（2016）：『よい教育とは何か―倫理・政治・民
　　主主義』，白澤社.

本田由紀（2020）：『教育は何を評価してきたのか』，岩波書店.

松下佳代・京都大学高等教育研究開発推進センター編（2015）『ディープ・アクティ
　　ブラーニング』，勁草書房.

第 3 章

地理教育とケイパビリティの創出

－地理教育と教育学の対話の先にあるもの－

広瀬　悠三 *

Chapter 3

Geography education and the creation of capabilities: A dialogue between geography education and the philosophy of education

Yuzo HIROSE*

ABSTRACT

The GeoCapabilities project does not consider why and how capabilities matter as the end of education sufficiently. According to Nussbaum, capabilities can be embodied in ten concrete (but not fixed), dynamic, and changeable lists which are nothing but geographical properties, as capabilities entail what is necessary for human dignity in a given place and time. In an educational setting, capabilities should be examined not only here and now, but also there and those times in future. In this sense, guaranteeing and expanding capabilities is not simply the end of education but a heuristic and provisional means of education. Geographical considerations are crucial for determining what capabilities are and what the ends of education might be. This is what the GeoCapabilities project unconsciously holds in itself: it is not just the application of capabilities in geography education, but the investigation of education and the fundamental value of geography education. This project fruitfully establishes a platform for dialogue between geography education and the philosophy of education.

*京都大学　Kyoto University

1．はじめに：問題の所在

　2012年から，GeoCapabilities プロジェクトが英米やヨーロッパの地理教育研究者によって本格的に始動した（Solem *et al.*, 2013）。このプロジェクトの目的は，地理教育の分野において，カリキュラム・リーダーである教師を育成する，教師教育教材を作り出すことであるが，それを達成するにあたっては地理教育の目的や価値を問うことも求められる。このプロジェクトの動きの背景にあるのは，OECD が提唱する21世紀型の汎用的スキル，批判的思考力の育成をめざして行われる「学ぶための学習（learning to learn）」が，「何を」学ぶかを問わず，技術・方法の習得のみをめざす相対主義的な学習に陥っているということへの批判である（Lambert, 2019, p. 27）。教科教育は，このような学習の文脈では，それぞれ独自の領野の内容を教える機会と意義を失うことになる。教科教育は，自らの存在意義を問い直しながら，この21世紀の教育政策に対して応答を迫られている。教科内容の教育を重視しない教育は，果たして子どもにとってよいことなのか？　そもそも教科教育（例えば，地理教育や英語教育）は何を目的としており，どこに価値があるのか？このような具体的な教育についての根本的な問いに促されながら，21世紀型教育と目される教育潮流に応答するために，地理教育という教科教育の領野で生まれたのが GeoCapabilities プロジェクトである。

　このプロジェクトでは，社会的リアリズム論を受容しながら，地理教育は，固定化され決められた地理的知識を教授するのでもなければ，地理的知識を捨象して技術のみを教えるものでもなく，力強い学問的知識（powerful disciplinary knowledge: PDK）を教えることに意味と役割を有している，と捉えられている（Young, 2008; Young *et al.*, 2014）。そしてこのような力強い学問的知識は，教師が国が一律に定めた学習指導要領に従って教えることではなく，教師が自らカリキュラムを作成し，教える内容を吟味して，教えることで，子どもたちは身につけることができるようになると考えられている。なぜな

ら力強い学問的知識とは，既存の知識ではなく，専門的でありながらダイナ
ミズムを有するものであり，教師自らが自分のものとして生み出すことでは
じめて，子どもに教えることが可能となるからである。

　このようにして，地理教育の具体的な独自な形態としての力強い学問的知
識の教授が考えられているが，しかしながらこの力強い学問的知識の教授は，
どこから導かれたものなのか。なぜその教授が，地理教育なのか，地理教育
の独自な存在意義を規定しているのか。このことを考える上で重要となるの
が，このプロジェクトが依拠している理論的枠組みであるケイパビリティと
いう理念である。センによって提唱され，さらにヌスバウムによって正義論
への導入と展開がなされているケイパビリティは，人間が何かを行ったり，
何かになったりする実質的な自由を平等に保証する手立てとして意義をもっ
ている（ヌスバウム・セン，2006）。このケイパビリティを保証し拡張するこ
とこそが教育の目的であり，このようなケイパビリティを地理教育が促す手
段こそが，力強い学問的知識であると，GeoCapabilities プロジェクトでは
考えられている。しかしここで，少し立ちどまって考えてみよう。教育の目
的は，果たしてケイパビリティを保証し拡張することなのか？　またケイパ
ビリティを保証し拡張するとは，教育においては実質的にどのような意味を
もっているのか？　さらに，地理教育は，ケイパビリティを保証し拡張する
ためだけのものなのか？　このような根幹に位置する問いは，GeoCapabili-
ties プロジェクトの論考では素通りされており，十分に考察されることなく，
むしろ力強い学問的知識の実態や，カリキュラム作成に重点が置かれて議論
が進められている。しかしながら，地理教育が仮に力強い学問的知識の教授
を旨とするのであれば，その知識を単に神聖なものとして受動的に受け入れ
るだけではなく，それらをもとにこの地理教育の基盤すら問い直すことが求
められているのではないだろうか。本章ではこのような問題意識に基づき，
ケイパビリティそのものの考察とともに，ケイパビリティと地理教育の関係
を問い直すことで，この GeoCapabilities プロジェクトの意義と問題点，そ

してさらなるポテンシャルを明らかにすることを試みたい。

　具体的には第2節で，教育という文脈におけるケイパビリティについて考察し，ケイパビリティの保証・拡張が単に教育の目的なのではなく，そのようなケイパビリティとそれを担う人間と世界自体を問い直すことが教育の目的であることが明らかにされる。そして第3節において，地理教育とケイパビリティの関係が考察の俎上に載せられ，地理教育こそが教育の目的を探究する重要な役割を担っていることが，ケイパビリティを地理的に修正した「地理的ケイパビリティ」と，地理教育の教育学的考察，また地理教育の基盤的実践の検討をもとに示される。このようにして，GeoCapabilities プロジェクトの意義が明らかにされることになるだろう。

2．教育におけるケイパビリティ

2.1. センとヌスバウムの，教育におけるケイパビリティの内実

　ケイパビリティは，経済学を研究するセンによって，貧困に伴う格差を是正するために必要とされる手段に関して，GDP や GNP といった定点的な基準ではなく，どれだけ各人の実質的自由が保証されているかを問うときに導入された指標である (Sen, 1999)。一定の財が与えられても貧困を脱せられない人々がおり，それでは貧困という不平等を是正したことにはならない。金銭的な援助である財というよりも，それらを用いて自分のめざすあり方を追求できる実質的自由を奪わず保証することこそが，現実的な不平等の是正の政策として有効なのではないか。このセンの考察により，もともともっている素質でもなければ，外的な物理的な環境でもない，それらの間にあって人間がよりよく生きることを可能にする「実質的自由」に焦点が当てられるようになった。センはこのケイパビリティの具体は，各文化によっても異なるとして，具体的なリスト化は行っていない。

　ヌスバウムはこのケイパビリティを，経済成長・利潤獲得を重視する新自由主義的な成長志向パラダイムと対立する，人間的尊厳を重視する人間開発

パラダイムを支持する正義論の文脈で考察することで，単に不平等の是正という特定の文脈を超えたケイパビリティの理念的普遍性を示そうとしている（ヌスバウム，2013，p.32）。このヌスバウムの取り組みは，アリストテレスの形而上学，カントの人間の尊厳の思想，そしてマルクスの真に人間的な機能という人生の構想から影響を受けている（ヌスバウム，2012，p.88）。そしてヌスバウムはさらに歩を進め，ケイパビリティの10個のリストを敢えて提示することで，曖昧さだけでなく相対性と自明性，そして抽象性という問題をも乗り越えようと試みている。この10個のケイパビリティは，尊厳のある人間の人生の中心的な要求事項として正当化されるべき一般的諸目標として位置づけられている。10個のケイパビリティとは，生命，身体の健康，身体の不可侵性，感覚・想像力・思考力，感情，実践理性，連帯，他の種との共生，遊び，自分の環境の管理，である。このケイパビリティの導出は，帰納的でも演繹的でもなく，また経験的でも形而上学的でもなく，「直観的で推論的」（ヌスバウム，2012，p.92）になされたものである。つまりこのようなケイパビリティの一つ一つが欠けている人生を，人間の尊厳ある人生とは考えられない，という直観に基づいている，ということである[1]。ヌスバウムによれば，この10個のケイパビリティは普遍的であるが，しかし固定的で絶対的なものではなく，絶えず修正され，それぞれの場所に応じて変更できる再考可能な対象である。なぜならこの直観は，規定された絶対的な盲目的直観でも独断的知的直観でもなく，「人生についての想像」（同上，p.92）に基づく「直観的観念」（同上，p.84）であり，経験と理念を統合した現実的な営みの結果もたらされる直観だからである。これは，注目すべきことに，ケイパビリティは地理的生の産物であることを意味している。何がケイパビリティであるかは，まさにこの大地に生き，人間と自然と様々な関連の中で，人間のあり方を紡ぎだす地理的営み抜きには，把握されないのである。換言すれば，ケイパビリティとは，ある場所にその時点で生きるあらゆる人が「尊厳ある人生」にとって必要であると納得しうる要求事項である[2]。

　ヌスバウムは，正義論としての人間に必要な要求事項という性質のみなら
ず，このようなケイパビリティを有した人間を形成するべく教育においても
ケイパビリティが重要な意味をもつことを示唆している。しかし，この正義
論としてのケイパビリティが教育の目標に組み入れられる困難さが，ここに
示されている。すなわち，教育とは，成長し変容する子どもと関わる営みで
ある以上，「ある場所」に「その時点」で生きる人間に妥当するケイパビリ
ティを固定したそのままのものではなく，流動的なものとして受け入れなけ
ればならない，ということである（Hart, 2009, p.396）。正義論という理念的
な議論においては，ケイパビリティの保証は実質的な自由を人間にもたらし
ているか否かだけが問題となる。しかし教育においてケイパビリティを考え
ることは，その子どもに，そのときに実質的自由を保証することなのか，そ
れとも将来実質的自由により自らの機能を生かすことができるように「い
ま」はその自由ではなく一定の制限を与えるのか，の二つが問われることに
なる。そして前者のみならず後者も考慮に入れることが，人間形成をめざす
教育の採る立場である。教育という文脈では，実質的自由をもって子どもが
自らの機能を生かすことは，「いま」「ある場所」だけではなく，「いつか」
「どこか」をも射程に入れてはじめて意味をもつのである[3]。

　このようにセンとヌスバウムのケイパビリティ・アプローチの内実は，異
なっているだけでなく重点の置き方も大きくずれている。ヌスバウムのケイ
パビリティ論を教育に直接応用するには，導出の過程や内容，そして上に指
摘した問題点を克服することが求められる。それゆえケイパビリティを教育
に応用する考察は，多くがセンのケイパビリティ論を踏まえながら行われて
いる。特別支援教育において，各人のケイパビリティを尊重する施策や教育
内容をめぐる考察（Broderick, 2018）や，高等教育においてどのような授業科
目を提供することが学生のケイパビリティの保証につながるかという議論
（Boni and Gasper, 2012; Walker, 2006）が応用的な例として挙げられる。これら
の議論は，政策的な特徴を備えており，センの議論と親和性があるが，ケイ

パビリティを確保する人間の具体的な働きかけの内容には踏み込んでいない。他方，ヌスバウムのケイパビリティ論を基軸に据えて教育を検討することは，教育の目的と内容そのものの考察をもとにして行う必要があり，決して多くの研究・考察がなされているわけではない。

2.2.　ケイパビリティを保証し拡張することは教育の目的なのか

　センとヌスバウムに共通するものとしてケイパビリティを捉える場合，それではケイパビリティを保証し拡張することは，教育の目的なのだろうか。自分が何かを行ったり，何かになったりする自由さえ与えれば，それで教育は達成されたと考えられるであろうか。何かを行うとはどのような内容と意味と深さを想定しているのか，また何かになるとは日常の存在的なレベルから，職業選択やひいては存在論的なレベルに至るまでのことを包含しているのか，一般的なケイパビリティの保証という理解からは不明瞭である。仮に，皮相的な営みから根本的な行為までも含まれたものと捉えるのであれば，単にケイパビリティを保証することは，教育の入り口に過ぎず，どのように，またどのような意味でケイパビリティを保証するのかを示す必要がある。

　何かを行ったり，何かになったりする実質的自由を，一般的な意味で理解するならば，どのような事態を考えることができるであろうか。生徒が大学受験（知識重視型試験）に合格することをめざした教育は，しばしばケイパビリティを保証していない教育として批判される。しかしケイパビリティの保証を厳密に考えるならば，この教育は果たしてケイパビリティを保証していないと断罪できるであろうか。大学受験が幅を利かせる社会において，その社会が存続するという前提のもとで，そのような社会で自らの力を発揮したいという子どもがいるとき，この子どもは，他の様々なケイパビリティは犠牲にされるかもしれないが，しかしある点において自ら行ったり，自らなったりする自由を獲得するための教育として，この教育は意味をもつのではないか。もちろん，大学受験合格のためではない教育の方が，より子どもの多

様な欲求を満たした教育を行うことができる可能性があり，ケイパビリティを（より）保証しているようには見えるが，しかし比較の判断も，決して容易ではない。あるいはピアノのレッスンを小さいころから保護者にさせられ，ピアノの英才教育を受けている子どもがいるとする。ピアノ以外のことをする時間はほとんどないほどのピアノ中心の教育は，ケイパビリティを保証しているだろうか。ピアノの練習だけでなく，それ以外のもっと幅広く多様な世界への関わりを保証すべきではないか。しかしそのようにすることで，この子どもは，将来，ピアノを専門として演奏する，演奏家になる，という道を断たれることになるだろう。そうすると，特定の教育の機会を奪うことが，その子どものケイパビリティを奪うことになる。そして教育は，現在の選択のみならず，将来に何を行い，何になることができるか，ということにも関係することであるために，教育におけるケイパビリティは，単なる厚生経済学の政策や正義論の文脈を超えた，人間形成の文脈における困難さを抱えることになる。教育を受ける子どもが，その時点で自律的な選択の自由をもってその営みを受け入れ，自ら行っているかがケイパビリティの保証の鍵であるとする考察（Bustin, 2019, p. 114）は，未来にどう行いどうなるかを原理的に含まざるを得ない教育の営みを考えるかぎり，ケイパビリティの保証としては十分でない。そもそも小さい子どもの判断や決断には親の代理的影響もあり，自律的に自由に選択をすることを子どもができるかという問題が横たわっており（Klasen, 2010, pp. 105-106），さらにある種の強制を通して自由を獲得するという時間的で力動的な行為は，教育において重要な特徴でもある[4]。

　このように考えると，ケイパビリティの保証と拡張は，ある面においては重要であるが[5]，曖昧さと一義的提示の困難さにより，これを単なる教育の目的に据えることはできない。むしろ教育の「仮の目的」，つまりは手段に過ぎないと考えざるを得ない。この手段はどこにいくのか，どこに向かうのか。このことを考えないかぎり，ケイパビリティの保証と拡張は意味をなさ

ないであろう。つまりケイパビリティの保証と拡張を地理教育によってめざ
す GeoCapabilities プロジェクトは手段であり，その先が求められるのであ
る。またもう一つ重大な問題が存在する。すなわち，教育はケイパビリティ
を保証し拡張するどころか，教育という行為そのものがケイパビリティを毀
損してしまうことはないだろうか。大学受験のための教育やピアノのレッス
ンのみならず，批判的思考力を教え，地理的空間認識を教えることが，逆に
子どもが自ら自律的に思考し，既成の地理的空間認識を超えて空間を捉えよ
うとする実質的自由を，破壊することにはならないか。教育のこのような暴
力性を顧みることのない，ケイパビリティを単に保証する教育は，はるかに
暴力的になってしまうことを認識しなければならない。

2.3.　教育の目的とは何か：GeoCapabilities へ向かって

　ケイパビリティを保証し拡張することが教育の目的ではなくある手段にす
ぎないとき，それでは教育の目的とは何か。教育とは人間の形成に関わるこ
とであるため，教育の目的を考えるならば，自ずと人間とは何か，人間の生
の目的とは何かが問われることになる。これまで数多くの教育学，教育哲学，
教育思想が生み出されてきたが，それらは直接教育の目的を検討していなく
とも，めざすべき人間を想定して，その人間を形成する教育の内実や意味を
明らかにすることを通して，教育の目的を浮き彫りにしてきた。人間は究極
的に幸福を求める存在であるため，幸福をもたらす人間と社会の形成を教育
の目的とするか[6]，あるいは人間は幸福を超えた人格の完成に向かっている
ために，教育とは人格の完成を後押しする働きかけであるか[7]。あるいは，
教育の外部に目的を見出さず，むしろ教育の機能自体に目的を見ようとする
か[8]。めざすべき人間の姿は，共有された特定の価値観が崩れ落ちた現代と
いう時代において，どのようにして語ることができるのであろうか[9]。ある
人間の理想型を定めることができたとしても，それを個々の人間が受け入れ
るまでに妥当しうるものになるには，決して容易ではない。こうしてポスト

モダンの世界において，教育の目的を考えることは大きな壁に突き当たることになる。

　教育の目的を明確に定めることができなくとも，教育という行為が意図的行為を含む以上，めざすべき対象は設定せざるを得ない。この目的として見られうる対象は，原理的に考察された理念からではなく，必要に迫られて設定されている。それが経済的利潤追求という目的である。子どもが恵まれた職業につくために，将来お金を十分に得て経済的に豊かになるために，教育を行うということ，この新自由主義的な教育目的は，人間のめざすべきあり方を問い考える過程を経ることなく，多くの人が必要に迫られて受け入れている「目的」である。ポストモダンの相対主義的目的論を回避しようとするがために，人々は原理的に正当化されてはいない経済的利潤追求という目的を，教育の目的としてどうしようもなくいつのまにか是認しているのである。しかしこの目的は，人間のあり方を問わないがために，経済的利潤追求によって人間が手段化され，すり減らされ，使い捨てられる状況を助長している。このような目的を，教育の目的として受け入れることは，ただ手段化された人間という存在を肯定しないかぎり，不可能である。

　このように，教育の目的をめぐる考察は，近代的な特定の価値に依拠する教育の目的論か，あるいはそもそも人間を考察していない現実の状況から問い詰められて現出した経済的利潤追求のための目的論か，のいずれかに与せざるを得ない状況にある。ケイパビリティは，後者に対抗すべき現れた理念であるが，センが前者と後者の間を曖昧さをあえて残しながら漂っているのに対して，ヌスバウムは前者により傾きながら，あらゆる人が受け入れることのできる尊厳のある人間の生という特定の立場を教育の目的に据えようとしている。ヌスバウムの人間観は，一つの普遍的な人間観を提示しているがゆえに，その人間観からこぼれ落ち，はみ出る人間を考慮に入れられていないのではないかという批判に絶えずさらされることになる。

　こうして教育の目的とは，予め定められた絶対的で普遍的なものではなく，

むしろ絶えずいまここで，そしてまたそのときあそこで，ケイパビリティと
それを担う子どもと人間そして世界を問い続ける中で現出してくる目的にな
る。地理教育とは，このことを行う上で，かけがえのない役割を担うのでは
ないだろうか。なぜなら地理的営みにおいてこそ，現実の大地に生きるのみ
ならずこれからの世界にも生きる存在である子どもと人間のあり方を，いま
ここで，そしてそのときあそこで，問い考えることができるからである。す
でにこの章のはじめに指摘した通り，ヌスバウムもケイパビリティを絶え間
なく地理的に問い続けることの重要さを主張しており，ヌスバウムも教育目
的の絶対化・固定化を避けようとしている。こうして，ケイパビリティは
「仮の教育目的」ということになる。ここに依拠しながらも，絶えずその目
的自体を問い直す余地を残しておくこと，そしてその役割を担う営みこそ，
地理的営み，地理教育なのである。

3．地理教育とケイパビリティ

3.1.　ケイパビリティを地理的に修正する

　GeoCapabilities プロジェクトでは，ケイパビリティについて，どのよう
なスタンスをとっているだろうか。このプロジェクトを主導するランバート
らは，ケイパビリティ論をそれぞれの文脈で提唱しているセンとヌスバウム
の議論を注意深く受け止めている（Lambert *et al.*, 2015, p.6）。とりわけセンが，
人間のケイパビリティをチェックリストに還元してしまうリスクを回避する
だけでなく，そのケイパビリティは文化的・社会的・経済的状況によって変
わるという認識をもっていたがために，人間のケイパビリティの一覧表を完
成させることを拒んだことに注意を促している。しかしだからといって，セ
ンのケイパビリティに全面的に依拠するわけではなく，ヌスバウムの10個の
ケイパビリティ・リストを法外（enormous）で鈍い（obtuse）としつつも（同
上，p.7），地理教育と直接関連のあるケイパビリティを考え，便宜上３つの
ケイパビリティを地理的な性質も加えて若干の修正を施しながら以下のよう

に挙げている（Solem *et al.*, 2013, p. 221）。

1．地理はどの程度，子どもが自らの想像力を用い，考え推論する能力や，自律と自由を促進することができるか
2．地理はどの程度，シティズンシップと持続可能性に関する価値のある特徴に基づきながら，若者がどのように生きるべきかという選択を確認し行使することができるか
3．地理はどの程度，グローバルな経済と文化という文脈において，創造的で生産的な市民としてのポテンシャルを理解することに寄与するか

　さらには，これからの大地における人間と自然との環境的な関係を考える重要性という観点から，関係的な地理的思考や，未来を想像することも重要な要素であると指摘している（Lambert *et al.*, 2015, p. 7）。上記の 1 に関しては，ヌスバウムにおいては感覚・想像力・思考力と実践理性に関わるケイパビリティと重なっており， 2 は自分の環境の管理と実践理性と結びついており，さらに 3 は連帯と自分の環境の管理とつながっていると言える。なぜこの 3 つだけが，ヌスバウムのケイパビリティ・リストと結びついている地理教育のケイパビリティなのかは定かではない。しかし地理学者・地理教育研究者としての自身の地理的取り組みから，ランバートらはこの 3 つを選び出すに至ったことは想像に難くない。この地理的なケイパビリティの選出には，地理教育とは何かという前提が，すでに影響を与えていると思われる。地理教育は PDK の教授であるために，広い意味での知識に関係が薄いケイパビリティは除外されている。例えば，ヌスバウムが挙げる感情については，自分たちの外部にある物や人々に対して愛情をもてることと言われているが，このような感情の形成に寄与するわけではない地理教育が捉えられているかぎり，このケイパビリティは地理的なケイパビリティから除外されることになる。

　ランバートらは，センとヌスバウムのケイパビリティのどちらに与するかはっきりと立場を示していない。そしてまたケイパビリティ自体も，地理教

育において地理的ケイパビリティとして変更が施されている。つまり，地理的営み自体が，ケイパビリティを問い直すことのできるポテンシャルを有しているのである。GeoCapabilities プロジェクトとは，ケイパビリティを地理教育に応用する行為ではない。むしろ地理教育の営みによって，ケイパビリティを問い直すだけでなく，教育の目的までも問い直し吟味し，また提起するという特殊な役割を担っているがゆえに Geo-Capabilities という理念を考えることができるのである。

　GeoCapabilities プロジェクトにおいては，地理教育の価値や意義，そして地理教育の目的とは何かが否応なく問われている[10]。地理教育の目的と価値は何か，人間形成における地理教育の役割とは何か。この問いは，教科教育としての地理教育の考察を超え，人間形成の考察とともに吟味されるべきものであるがゆえに，地理教育と教育学・教育哲学との対話が求められることになる。GeoCapabilities プロジェクトは，地理教育の独自性を認識して実践へと移すべく，学校で地理を担当する教師に向けたプログラムが用意され様々な成果を生み出してきた。しかし GeoCapabilities プロジェクトは，もう一つ，地理教育の教育学的意味を問い教育学に関わる様々な人との対話を生み出すプラットフォームをもたらしうるという，長所がある。このような場において，地理教育の価値のみならず，教育そのものの価値を問い直す地理的教育人間学が立ち現れるのである。

3.2.　地理的教育人間学：地理教育の考察を通して教育の目的を問い直す

　地理教育の目的とは何か，地理を学ぶ価値はどこにあるか。このような問いは，地理教育研究では，地理教育思想として，あるいは地理教育の原理論としてしばしば考察されてきた。アレクサンダー・フォン・フンボルトやカール・リッターの地理教育論や，日本では吉田松陰や内村鑑三の地理論や地人論が引き合いに出されることが多い（手塚 1991；山口 2009）。しかし地理教育の考察を通して教育の目的を問うということは，単に地理の有用性のみな

らず，それが子どもや人間が形成されるにあたって，いかなる意味をもつのかというところにまで踏み込んで考察される必要がある。このことは，既存の地理教育の枠組み，今行われている科目としての地理の内容と形態までも問い直すことを迫るものである。

　このような地理教育の教育学的考察を行っている思想家の一人が，カントである。カントは自らの教育学の理論の応用形態として地理教育を位置づけ，考察したのではない。地理的な営みの人間形成論的意義の考察を通して，自らの教育学の理論を構築したのである。彼の教育学理論の革新をなす世界市民的教育は，彼の道徳の実践哲学から演繹されてはおらず，むしろ複数主義的な現実の営みを体現する地理的営みとそこからくる人間形成こそが，エゴイズムを脱するだけでなく，世界に対峙する世界市民を形成しうることが示されている[11]。それだけ地理は現実の多様な関りと生を内包しているがゆえに，その地理的生において，人間の抽象的にとどまらない現実の姿とさらにはあるべき姿が炙り出されるようにわれわれの前に迫ってくるのである。

　教育学の一応用形態として地理教育を考えるのではなく，教育学の中心に位置するものとして地理教育を捉え，その地理教育によってさらに教育自体のあり方を探究している教育者に，シュタイナーがいる。シュタイナーが教育の改革に乗り出す背景には，19世紀末から20世紀初頭にかけて見られた実証主義的な主知主義の横行と，知識の重視によって人間が手段化され戦争までも肯定されるようになるエゴイズムの出現，そしてその結果見られる二元論的世界観による人間の破壊，すなわち精神的世界と物質的世界の乖離がある。シュタイナーはこのような状況を打破するために，人間の地理的な生に注目する。すなわち，地理は場所に依拠しながら，細分化可能なあらゆる事物や事象を同時に扱うことができるために，現実の物質的世界にとどまることなく，それらの多様な形態を関連づけながら考察することで，さらにその世界に自分が生きるという意味で見いだされる精神的世界とのつながりがみられるようになる。地理はさらに，歴史や政治・経済，言語・外国語，博物

学，理科や数学・幾何学，手仕事や実習，さらには宗教という学びを統合する役割があるという考察をもって，人間の生命の要請は学的領野に区切られているわけではなく，これらを横断する学びは人間の生を精神的世界と物質的世界を行き来させ，自由な思考を促すと洞察されている。地理的な人間の形成過程が，教育の現実的なあるべき姿を浮かび上がらせているのである[12]。シュタイナーは，学としての地理学から地理教育の内実と意義を定めてはいない[13]。しかし学以前からある地理的営みから，教育と人間形成のあるべき姿を考察し，それを実践へと結びつけているのである。

　以上のように，ケイパビリティの保証と拡張のために地理教育の具体をどのように考えるのか，ということだけでなく，そのケイパビリティの保証と拡張という前提を問い直し，地理教育の考察そのものを通して，教育学の目的やあるべき姿を考察する中で，地理教育の価値や目的がさらに逆照射的に炙り出されるようになる。GeoCapabilities プロジェクトは，このような地理的教育人間学の重要な契機に位置づけられるものである。このような地理教育と教育学の対話的考察はいままでほとんどなされてこなかったが，このプロジェクトは，そのような対話の可能性を開いたものとしても高く評価されるべきである。

4．おわりに：結論

　GeoCapabilities プロジェクトは，ケイパビリティの保証と拡張を地理教育によってめざす取り組みであるが，ここに否応なく内包される地理教育の目的と価値を問う思考そのものが，ケイパビリティの保証と拡張が教育の目的になるのかという問いを促すようになる。つまりこのプロジェクトは，ケイパビリティに従いながらも，そのケイパビリティを問い直すという，循環構造において，さらなる意味を獲得するのである。

　GeoCapabilities とはケイパビリティの議論を地理教育において応用することではなく，それを地理教育によって根本的に問い直すことができるもの

として捉えることが求められる。このことは，地理教育と地理的生の考察を
通してこそ，教育学そのものをさらに考察することができるという新たな地
理的教育人間学の可能性を拓くことができることを示しているといえよう。

注

1）このような実質的自由の具体としての10個のケイパビリティを保証し，さらに拡
張しようとする主張の背後には，そのような実質的自由があれば，人間はそれぞ
れの素質と与えられた機会によって，自らの機能を生かして，自分が行ったり，
ある存在になったりする，という人間の内的・自発的成長に対する「信頼」が前
提されている。信頼とは現実的なものである。このことは，ケイパビリティ・ア
プローチが，個人と環境の相互作用の中で人間は現実的に生きていくという現実
を重視していることを示している。

2）ケイパビリティは，決して普遍的なリストを提示しているわけではない。ヌスバ
ウムの最新刊 *The Cosmopolitan Tradition* の最終章 From Cosmopolitanism to
the Capabilities Approach では，普遍性ではなく，個別かつ多様な認識の鍵とし
て，世界市民主義ではなくケイパビリティ・アプローチが挙げられている（Nuss-
baum, 2019, pp. 236-252）。

3）さらにケイパビリティを教育という文脈において考える困難さは，形成途上の子
どもという個人は，まわりの環境，そして社会的な影響のもとで，自己形成を行
うため，個人にのみ焦点をあてるのではなく，まわりの事物や事象との関係との
相互作用をも考慮に入れなければならない，ということである。Cf. Hart 2009,
pp. 398-400.

4）強制と自由の両立の問題は，カントが教育の最大の問題として捉えたものである。
「教育の最も重要な問題のひとつは，法的強制に服従することと自己自身の自由
を使用する能力とをいかにして統合できるのかということである」（カント，
2001, pp. 237-238）。

5）例えば，教育の機会がほとんど与えられていないある発展途上国の女子への援助
や，極端な教育の措置により学ぶ機会を奪われた障害をもつ子どもへの取り組み
に対して，ケイパビリティを保証し拡張するための教育活動は重要である。また，
ケイパビリティは，子ども個人個人に応じたテーラーメードな教育を可能にする
政策やプログラムへの道を開くとともに，知的訓練や特定のスキルの育成ではな
く，包括的な教育的自己形成を促す Bildung に対応する意義を有している。Cf.

Otto and Ziegler, 2010, p. 232, 235.

6）人間の究極的な目的は幸福にあると唱えたアリストテレスは，幸福を人間独自の観照的な生活を営む最高善と捉えた。この見方は，幸福の解釈は変わりながらも功利主義的人間観や，さらには徳倫理学にも受け継がれている（アリストテレス，1971；広瀬，2011）。

7）人間の尊厳を，代替不可能で手段化されない目的として捉えたカントは，教育の目的を人間の尊厳をもつ人格の完成と捉えた（カント，2000，2001）。

8）成長自体を教育の目的とみるデューイは，外部に目的を設定しない機能主義的な教育目的論を内包した教育哲学を展開している（デューイ，1975）。

9）現代の教育哲学研究においては，めざすべき人間像を探究するのではなく，人間そのものの成り立ちを問う教育人間学的研究や，人間と社会，政治の関係を問う教育学研究が盛んに行われている。

10）教師にとって，教科の特殊な知識内容と，より広い教育の目的を結びつけることの重要性が，PDK とカリキュラム作成の文脈でも言われている（Lambert *et al.*, 2015, p. 8.）。

11）詳細は拙著（広瀬，2017）を参照。

12）詳細は拙稿（広瀬，2020）を参照。

13）英国では学校地理が大学での学問としての地理学に先立って教えられており，またカントにとっても大学で講義された自然地理学は専門的な学問ではなく，教育的な科目であった（Lambert *et al.*, 2015, p. 11；広瀬，2017，pp. 190-191）。

参考文献

アリストテレス〔高田三郎訳〕（1971）：『ニコマコス倫理学（上）』，岩波書店.

カント〔平田俊博・坂部恵・伊古田理訳〕（2000）：『カント全集7　人倫の形而上学の基礎づけ　実践理性批判』，岩波書店.

カント〔加藤泰史訳〕（2001）：『カント全集17　論理学・教育学』，岩波書店.

手塚章編（1991）：『地理学の古典』，古今書院.

デューイ〔松野安男訳〕（1975）：『民主主義と教育（上）』，岩波書店.

ヌスバウム, M., セン, A.（編）〔竹友安彦監修・水谷めぐみ訳〕（2006）：『クオリティー・オブ・ライフ─豊かさの本質とは』，里文出版.

ヌスバウム, M.〔神島裕子訳〕（2012）：『正義のフロンティア─障碍者・外国人・動物という境界を越えて』，法政大学出版局.

ヌスバウム, M.〔小沢自然・小野正嗣訳〕（2013）：『経済成長がすべてか？─デモクラ

シーが人文学を必要とする理由』，岩波書店.

広瀬悠三（2011）：幸福な生き方と道徳教育．押谷由夫（編）『自ら学ぶ道徳教育』，保育出版社，pp. 18-22.

広瀬悠三（2017）：『カントの世界市民的地理教育－人間形成論的意義の解明』，ミネルヴァ書房.

広瀬悠三（2020）：シュタイナー学校の地理教育－宇宙の現実の襞へと踏み入る世界市民の形成．広瀬俊雄・遠藤孝夫・池内耕作・広瀬綾子編『シュタイナー教育100年－80カ国の人々を魅了する教育の宝庫』，昭和堂，pp. 107-137.

山口幸男（2009）：『地理思想と地理教育論』，学文社.

Bustin, R. (2019): *Geography Education's Potential and the Capability Approach: GeoCapabilities and Schools*. Palgrave Macmillan, Cham.

Boni, A., Gasper, D. (2012): Rethinking the quality of universities － How can human development thinking contribute? *Journal of Human Development and Capabilities*, 13(3), pp. 451-470.

Broderick, A. (2018): Equality of What? The Capability Approach and the Right to Education for Persons with Disabilities. *Social Inclusion*, 6(1), pp. 29-39.

Hart, C. S. (2009): Quo Vadis? The Capability Space and New Directions for the Philosophy of Educational Research. *Studies in the Philosophy of Education*, 28, pp. 391-402.

Klasen, S. (2010): Children, Education and the Capability Approach. Otto, H. and Ziegler, H. eds. *Education, Welfare and the Capabilities Approach*. Barbara Budrich Publishers, Opladen.

Lambert, D. (2019): Geography, Capabilities, and the Educated Person, Shin, E. and Bednarz, S. eds. *Spatial Citizenship Education: Citizenship through Geography*. Routledge, New York, pp. 22-40.

Lambert, D., Solem, M. and Tani, S. (2015): Achieving Human Potential Through Geography Education: A Capabilities Approach to Curriculum Making in Schools. *Annals of the Association of American Geographers*, 105(4), pp. 723-735.

Nussbaum, M. (2019): *The Cosmopolitan Tradition*. Harvard University Press, Cambridge Massachusetts.

Otto, H. and Ziegler, H. (2010): Political Uses of the Capability Approach- Capabilities as an Educational Task in the Production of Well-Being, Otto, H. and

Ziegler, H. eds. *Education, Welfare and the Capabilities Approach.* Barbara Budrich Publishers, Opladen.

Sen, A. (1999): *Development as freedom.* Oxford University Press, Oxford.

Solem, M., Lambert, D. and Tani, S. (2013): Geocapabilities: Toward an international framework for researching the purpose and values of geography education, *Review of International Geographical Education Online*, 3(3), pp. 214-229.

Walker, M. (2006): *Higher education pedagogies. A capabilities approach.* Open University Press, Maidenhead.

Young, M. (2008): *Bringing knowledge back in.* Routledge, New York.

Young, M., Lambert, D. with Roberts, C., Roberts, M. (2014): *Knowledge and the future school: Curriculum and social justice.* Bloomsbury, London.

第Ⅱ部：実践編

Part Ⅱ: From Practice

第 4 章

地理的な見方・考え方にもとづく教材開発
―グローバル化をとらえるヴィネット―

秋本　弘章*

Chapter 4
Development of teaching materials based on geographical perspectives:
Vignette for understanding globalization
Hiroaki AKIMOTO*

ABSTRACT

One of the main contents of high school geography education is the structural understanding of complex international relations. The geographical view/idea that informs this is "spatial interdependence." Because trade is a simple expression of the economic ties between countries, it is possible to clarify global interdependence by interpreting it.

Here, we will use T-shirts as the vignette. T-shirts are extremely familiar and are used all over the world. In addition, they emerge from an established global chain of raw materials-processing-consumption, and are therefore an appropriate lens through which to examine global interdependencies.

Through statistical data about cotton production, T-shirt exports, and T-shirt imports, we may consider what is happening in each country or region. This allows us to consider the effects and challenges of spatial interdependence, which differ from those predicted in the classical theory of international trade (vertical trade model between developed and developing countries).

*獨協大学　Dokkyo University

1．はじめに

　平成30（2018）年告示の高等学校学習指導要領の大きな変更の一つが「地理歴史」の科目の再編である。「地理歴史」は平成元（1989）年告示の学習指導要領において社会の再編によって生まれた教科であり，以来「世界史A」「世界史B」のいずれか1科目および「日本史A」「日本史B」「地理A」「地理B」のうちから1科目が必履修とされてきた。平成30（2018）年告示の高等学校学習指導要領では科目構成の見直しが行われ「地理総合」「歴史総合」を新設，必履修とし，その上に「地理探究」「日本史探究」「世界史探究」の3つの選択科目を設定した。「地理総合」の必履修化の背景や意義について井田が論じている（井田，2018）が，こうした変化が実現した背景には，地理関係者だけでなく，歴史関係者が協調して改革の必要性を訴えてきたことが大きい。

　この改革の中で，地理，歴史の関係者が共通して訴えてきたことは，「学び」の変質である。つまり知識習得に重点を置いた「地理歴史」教育は，「地理学」や「歴史学」の本質とはかけ離れてしまっており，その改革が不可欠であるという認識である。実は，こうした危惧は地理や歴史だけでなく，他の教科・科目にも共通したものであり，「学び」の質の変革が求められていた。そうした中で，新しい学力観として「コンピテンシー」の重視，すなわち「何を知っているか」より「何ができるか」を重視するという方向が示され，学習の仕方としていわゆるアクティブラーニングが採用されることとなった。アクティブラーニングとは，教員の一方的な講義とは異なり，学修者の能動的な参加を取り入れた教授・学習方法の総称である。この教授・学習方法において，学びの実質化を図るためのキーワードが「深い学び」であり，学習指導要領においては教科・科目の本質にもとづいた「見方・考え方」と明示されている。

　地理教育において，「地理的な見方・考え方」を重視する方向性は，わが

国独自のものではない。例えば，国際地理学連合地理教育コミッションが発
表した「地理教育国際憲章」においては「地理的な見方・考え方」が明示さ
れている（IGU CGE, 1992）。そして，それを具体化していくためのさまざま
なプロジェクトが立ち上げられてきた。例えば，アメリカ合衆国地理学協会
グローバル地理教育センターにおけるワークショップなどである[1]。近年で
は，欧米の地理教育研究者を中心とした「地理ケイパビリティ・プロジェク
ト」がある。「地理ケイパビリティ・プロジェクト」では，地理学習の意義
を説明するモデルとして，二酸化炭素の国別排出量を示したグラフを使った
ヴィネット（小作品）が提示されている。そこでは，中国やアメリカ合衆国
で排出量が多いといった単純な事実から，これらの国の排出抑制が重要であ
るといった結論に達するのは「不十分な地理」であると指摘する。例えば，
イギリスでは京都議定書の目標達成のためにどのような変化があったのかが
追求される。つまり二酸化炭素排出量削減の背後で起こっていることに気づ
き，それを検討するのである。「空間的相互依存作用」といった地理的な見
方が使われ，「地域の問題」と「世界の問題」がつながっていることが明ら
かにされ，「深い地理的理解」につながっていくことが述べられる。わが国
においても志村を中心とする地理ケイパビリティの研究会が開催され，新た
なヴィネットの開発が行われた（志村ほか，2017a, b）。筆者も「防災」をテー
マとした教材を提示した（秋本ほか，2017）。そのほか，エネルギー問題や生
活文化に関する教材などが研究会のメンバーにより発表された（井田ほか，
2017；大西ほか，2017；永田ほか，2017；柴田ほか，2017）が，必ずしも十分とは
言えない。本稿では，「見方・考え方」に基づいた新たな「教材」を提示し，
「地理総合」における学習を充実させることを目的とする。

2．身近な事象からとらえるグローバル化－Tシャツから考える－

　現代世界を大観する際のキーワードの一つにグローバル化があげられる。
地理教育では，まず，具体的な事象に基づき私たちの生活が世界的なものの

流れに支えられていることを学ばせることが重要である。小学校や中学校では，例えば「天ぷらそば」などを例に挙げながら，日本の食も世界各地から食材等を輸入してくることによって成り立っていることを学ぶ。そしてこの学習を通じて世界についての関心を高めていくことが主たる目的となる。一方，高等学校レベルでは，モノの国際的な動きの背後にある様々な社会的課題に気づき，それを生み出している経済・社会構造を追求していくことが重要となる。これこそが「深い学び」なのである。

　これまでもグローバル化をテーマにした教材は数多く開発されてきた。その先駆的な業績が，大津和子が，神戸の高等学校で現代社会の授業として実践した『社会科――一本のバナナから―』である，高度成長期後の豊かさの中で育ち，安くておいしいバナナを身近に感じる高校生を相手に，そのバナナがどこから来るのかを探求させ，フィリピンのバナナ農園で働く人々の生活を理解していく。そのプロセスでは，多国籍企業のアグリビジネスなどの問題も取り上げられた。バナナという題材を通して，南北問題のつながりを浮かび上がらせた先駆的かつ典型的な実践である（大津，1987）。しかしながら，先進国と発展途上国の関係の理解はある意味で古典的な枠組みにもとづいている。プランテーションとは，帝国主義体制下において，本国の需要を満たすために，本国の資本と技術を用いて，植民地に作られた巨大農園である。この巨大農園において労働力の搾取が行われて来た。そしてこの構造は，第2次世界大戦終結後，旧植民地諸国が独立したのちも存続してきた。さらに，旧植民地諸国では，輸出の根幹をこのプランテーション作物に依存していたため，モノカルチャーという不安定な経済構造が形成されているというのである。

　しかし，近年の国際関係はこのような枠組みのみで語られるほど単純なものではない。「バナナ」のプランテーションにしても，欧米系の多国籍企業の所有するもののほかに，現地の実業家が所有するもの，さらには，農民自らが所有するものなど多様になっている。また，生産されるバナナも，比較

的安価な「バナナ」だけでなく，高級果実としての付加価値を持つ「ブランドバナナ」も存在する。

　また，定式化された理解では，発展途上国は一次産品を輸出し，工業製品を輸入する一方，先進国では一次産品を輸入し工業製品を輸出するという。一次産品と工業製品の付加価値の差から，先進国に富が蓄積，発展途上国は貧しくなり，構造的に経済格差が拡大するのである。しかし現在の国際社会ではもはやこのような単純な定式は成り立たない。いわゆる発展途上国においても工業化が進展している国も少なくない。例えば輸出用「バナナ」の主産地の一つであるフィリピンにおいても，野菜・果実の輸出額は全輸出額のわずか5％に満たず，60％以上が機械類となっている（2019年）。逆に，先進国といわれる国，例えばオーストラリアにおいては一次産品が輸出の中核になっている。

　ここでは，複雑な現代のグローバル化の特徴を把握するために，ピエトラ・リボリ（2006）「あなたのTシャツがどこから来たのか？―誰も書かなかったクローバリゼーションの真実」を参考に，授業プランを考えてみる。

2.1.　Tシャツについて質問

　生徒に今着ているTシャツについていくつかの質問をしてみよう。第1の質問は「Tシャツはどこで手に入れたものだろうか。」学校の部活動やクラスで作ったものという人もいよう。あるいは近所のショップで買ったのかもしれない。アパレル企業の名前がいくつか出てくるかもしれない。これについてはあとで考察するものとする。ついでいるタグを見てみる。通常，タグには原材料と生産国が表示されている。そこで，「あなたのTシャツの原材料は何か」「あなたは，Tシャツを何枚持っているか。それらの生産国はどこか」というと問いかけをしてみる。原材料については，ほぼ全員が綿であると回答する。第1表はあるクラスで生産国について問いかけをした結果である。

第1表　あるクラスの生徒が持つTシャツの生産国

国・地域	着数	割合（％）
中華人民共和国	92	47.7
ベトナム	39	20.2
バングラデシュ	18	9.3
日本	14	7.3
インド	9	4.7
その他	21	10.9

（2020年7月　獨協大学社会科教育法受講者を対象にした調査）

第2表　Tシャツの輸入先と割合（2018）

国名	累計金額（単位：千円）	割合（％）
中華人民共和国	63,034,720	47.3
ベトナム	21,598,823	16.2
バングラデシュ	14,372,275	10.8
カンボジア	5,363,859	4.0
インドネシア	3,674,016	2.8
その他	25,350,276	19.0

（財務省統計による）

2.2.　Tシャツの生産国はどのような国か考える

　全体としては中国製が約5割ともっとも多く，次いでベトナムが約2割，バングラデシュ約1割となっている。しかし，これは一教室の事例であり，一般化して議論するにはいささかの無理があるように思える。そこで，財務省統計により確かめてみることとする（第2表）。上位3か国は同一であることから，教室での調査は一定の信頼性があるといえる。

　次いで，このことが日本だけのことなのか，世界全体の傾向なのだろうか

第3表　Tシャツの輸出国（2019）

国・地域	輸出額 （千ドル）	輸出額－輸入額 （千ドル）
中華人民共和国	7,414,910	6,459,564
バングラデシュ	6,815,334	6,810,944
トルコ	2,726,587	2,603,713
インド	2,615,135	2,528,548
ドイツ	2,422,647	−1,681,782
ベトナム	2,235,630	2,177,329
イタリア	1,771,104	33,106
オランダ	1,489,808	−443,062
ベルギー	1,404,206	155,601
スペイン	1,371,028	−617,315

（出所：https://www.trademap.org/Index.aspx）

ということも確認することも必要かもしれない。そこで世界のTシャツの貿易についてみていく（第3表）。

　ドイツやイタリアなども上位の輸出国になっているが，輸出入額の差をみると赤字もしくは，黒字であったとしてもわずかである。したがって，これらの国は，実質的には主要な輸出国ではない。これらの国を除外すれば，中華人民共和国，バングラデシュ，トルコ，インド，ベトナムが上位を占める。

　ここから，Tシャツの主要生産国は，どのような特色を持つ国かということを検討していくこととなる。これによって，グローバル化する国際社会においてTシャツの生産，輸出はどのような意味を持つかを理解することとなる。

　具体的にはこれらの国の一人当たりの国民所得などを見ていくことが参考になろう。一般に縫製業は労働集約的な産業であり，低賃金で過酷な労働が行われていることが語られる。しかし，国民所得が最も低い国家群に工場が

第4表　日本のTシャツ

1988年			1998年		
国・地域	金額 （千円）	割合 （％）	国・地域	金額 （千円）	割合 （％）
大韓民国	17,998,880	45.6	中華人民共和国	44,343,588	58.0
中華人民共和国	15,788,695	40.0	アメリカ合衆国	11,451,683	15.0
アメリカ合衆国	2,798,471	7.1	大韓民国	6,565,375	8.6
イタリア	783,992	2.0	タイ	3,287,709	4.3
香港	526,419	1.3	ベトナム	1,313,148	1.7
タイ	409,566	1.0	イタリア	1,248,351	1.6
台湾	360,149	0.9	フィリピン	1,177,676	1.5
フランス	187,597	0.5	インドネシア	1,066,331	1.4
インド	95,479	0.2	メキシコ	723,021	0.9
英国	91,009	0.2	インド	686,980	0.9
	39,448,744			76,467,707	

立地しているわけではない。そこでは，社会状況から安定した生産が見込めないからである。つまり，Tシャツの主要生産国は中程度の国民所得を有する国である。これらの国では教育をはじめ様々なインフラストラクチャーが整備されつつあり，一定の質の労働力が安価で得られることにという特徴がある。また主要生産国の人にとって縫製工場で働くことでは，安定した収入を確保につながり，以前より少しでも「よい」生活を保障することになる。

　さらに，Tシャツの輸出国の変化を見よう。Tシャツの生産・輸出の意義は一層はっきりする。第4表は，日本の1988年，1998年，2008年，2018年のTシャツの輸入先を示している。1988年においては，中華人民共和国からの輸入は40％程度で，約45％は韓国からであった。しかし，韓国の割合はその後大幅に減少した。一方，中華人民共和国からの輸入割合は大幅に増加し，2008年においては実に80％を超えた。しかし2018年には，50％を割り込むようになっている。増加しているのはベトナムなどである。このように，国際

の輸入先の変化

2008年			2018年		
国・地域	金額 （千円）	割合 （％）	国・地域	金額 （千円）	割合 （％）
中華人民共和国	108,099,746	85.9	中華人民共和国	63,034,720	47.3
タイ	3,206,166	2.5	ベトナム	21,598,823	16.2
ベトナム	2,723,937	2.2	バングラデシュ	14,372,275	10.8
アメリカ合衆国	2,697,006	2.1	カンボジア	5,363,859	4.0
イタリア	1,677,036	1.3	インドネシア	3,674,016	2.8
大韓民国	946,612	0.8	タイ	3,645,643	2.7
トルコ	774,588	0.6	イタリア	3,324,856	2.5
マレーシア	739,881	0.6	ポルトガル	2,428,920	1.8
ポルトガル	590,840	0.5	アメリカ合衆国	2,166,503	1.6
インド	576,397	0.5	トルコ	1,572,377	1.2
	125,839,563			133,393,969	

（財務省貿易統計による）

的な立地変動が生じているのである。

　Ｔシャツの生産国になること，すなわち縫製工場が立地することは，国民所得の向上のきっかけとなる。実際に，大韓民国では，1980年代においてはＴシャツ等の輸出が多かったが，その後割合は大きく減少している。一方，電子機器などより高度な工業製品の輸出が伸び，今日では先進国の一つに数えられるようになった。中国においても，国民所得の向上に伴って，輸出の主力はより高度な技術を有する電子工業品に移ってきている。

2.3. 原料と製品の流れを追う

　もう一つの観点から，グローバル化の実態をとらえてみよう。それは，Ｔシャツの原料である，綿花の生産（第5表）と貿易（第6表）である。

　綿花の生産国にはどのような特徴があるだろうか。綿花の植物としての性格から地理的な分布に偏りがあることがわかる。すなわち半乾燥気候地域で

第5表　綿花の生産国と生産量（2018年）

国・地域	生産量（t）	割合
中華人民共和国	6,102,800	25.2
インド	4,690,000	19.4
アメリカ合衆国	4,003,950	16.6
パキスタン	1,677,287	6.9
ブラジル	1,627,070	6.7
トルコ	976,600	4.0
オーストラリア	950,395	3.9
ウズベキスタン	756,700	3.1
マリ	405,000	1.7
メキシコ	400,000	1.7
世界計	24,190,796	100.0

（FAOSTAT による）

第6表　綿花の貿易（2017年）

国・地域	輸出量（t）	割合	国・地域	輸入量（t）	割合
アメリカ合衆国	3,252,675	41.8	ベトナム	1,191,944	16.2
インド	938,265	12.1	中華人民共和国	1,154,570	15.7
オーストラリア	872,941	11.2	バングラデシュ	929,657	12.6
ブラジル	834,028	10.7	トルコ	914,377	12.4
ギリシア	232,048	3.0	インドネシア	787,733	10.7
ブルキナファソ	225,922	2.9	インド	446,079	6.1
コートジボアール	137,844	1.8	パキスタン	269,767	3.7
ベナン	128,018	1.6	タイ	254,692	3.5
ウズベキスタン	116,688	1.5	メキシコ	229,013	3.1
カメルーン	101,893	1.3	大韓民国	218,302	3.0
世界計	7,779,862	100.0	世界計	7,356,829	100.0

（FAOSTAT による）

多く生産されている。加えて，生産国の社会経済状況に着目してみよう。ア
メリカ合衆国やオーストラリアのような先進国がある一方，インドやウズベ
キスタン，ブルキナファソのような発展途上国に属する国もある。同じ生産
物であっても，その生産環境は全く異なっている。機械化が進む大規模な農
場で生産する先進国と人間の労働力に依存する発展途上国のいずれもが大産
地となっているのである。

　次に，貿易統計をみる。Ｔシャツの最大の生産国である中華人民共和国を
はじめ，Ｔシャツを大量に輸出しているバングラデシュやベトナムは綿花の
大量輸入国である。一方，アメリカ合衆国，オーストラリアそして西アフリ
カ諸国などは輸出国となっている。

　綿花輸出国の綿花生産量を確認してみる（第7表）。統計年次が異なるがイ
ンドとウズベキスタンを除けば，生産量の大部分が輸出されていることがわ
かる。特に西アフリカの3か国では輸出量が生産量を上回っている[2]。

　つまり，これらの国では綿花は典型的なプランテーション作物として栽培
されているのである。一般に言われるように，プランテーション作物は，先
進国の社会経済状況や作況状況などで価格変動が激しいうえ，国際的な価格
競争に巻き込まれ価格が低下しがちである。いうまでもなく国際価格は需要
と供給のバランスによって決まる。ファストファッションの普及により，原
料である綿花の需要は増している。一方，技術等の進展で生産量も拡大して
おり，長期的には価格は抑えられる傾向がある。こうした中で，綿花栽培で
利益を上げるためには，市場を確保する必要がある。市場確保のために，例
えばアメリカ合衆国では，輸出補助金や価格支持政策などの様々な補助金で
生産を支えている。発展途上国においては，綿花は国家的な貿易商品として
国家の統制下におかれる。いずれにしても綿花栽培は，政治色の強い産業と
なっている。

　一方，輸入統計をみると，Ｔシャツの主要輸出国は多くが綿花の輸入国に
なっている。つまり，アメリカ合衆国やオーストラリアなどで生産された綿

第7表　綿花の主要輸出国における輸出量と生産量の関係

国・地域	輸出量（t） A （2017年）	生産量（t） B （2018年）	A/B×100
アメリカ合衆国	3,252,675	4,003,950	81.2
インド	938,265	4,690,000	20.0
オーストラリア	872,941	950,395	91.9
ブラジル	834,028	1,627,070	51.3
ギリシア	232,048	314,000	73.9
ブルキナファソ	225,922	175,700	128.6
コートジボアール	137,844	50,000	275.7
ベナン	128,018	205,000	62.4
ウズベキスタン	116,688	756,700	15.4
カメルーン	101,893	42,000	242.6
世界計	7,779,862	24,190,796	32.2

（FAOSTAT による）

花は，中国やベトナム，バングラデシュに送られ，Tシャツに加工され，世界市場で消費される。アメリカ合衆国に着目すると，原材料を輸出し，工業製品を輸入するというかつての植民地と本国の関係と類似した構造があることがあることがわかる。経済学の教科書が言うように，こうした貿易構造をとると，大幅な貿易赤字になる。

　ところで，Tシャツの生産と流通のグローバル化を推進してきたのは，ZARA，H&M，UNIQLO，GAP など世界的なアパレル企業である。これらの企業では，製品の企画と販売を先進国にある本社等の拠点で行う一方，生産は海外の工場で行い，先進国を中心に全世界で販売するというビジネスモデルを創り出してきた。工場を海外に立地させるのは，基本的にコストの問題である。人件費などの問題から，発展途上国での生産が有利になる。逆

に先進国での生産では価格競争に勝てず，国内での製造業の衰退につながっていく。結果として，国内の雇用状況が悪化し，町が衰退していくという状況も生み出している。人件費の低い発展途上国の工場に対抗するには，発展途上国では製作できないような技術集約度の高い製品，もしくは小ロットで個性的な製品を生産するか，あるいは安価な移民労働力等を用いて生産コストを大幅に削減するしかない。技術集約度の高い製品や個性的な製品の生産で存続できる企業は限られている。かくして，先進国に立地している繊維・縫製工場の周囲には巨大な移民社会が作り出されるのである。

　このビジネスモデルは，アパレル企業だけでなく，多くの多国籍企業に取り入れられている。工場などを持たないことで，負担が極めて小さく，利益は大きくなる。そして，企業経営者などは巨大な富を得るようになる。

　多国籍企業の業績が拡大することで，貧富の差が拡大するなど，国・地域の利益と衝突することもある。

3．まとめ

　本稿では，Ｔシャツを例に，グローバル化について検討してきた。学校教育においてグローバル化の実態を扱う場合，生徒がどの程度の知識を持っているか，あるいは発達段階から考えてどのような思考力が可能かということにも，配慮しなければならない。一般に小学生の段階で目指すべきことは，私たちの日常の生活がいかに世界とかかわっているかを知り，世界に対して関心を寄せることである。一方，高等学校では複雑な世界を構造的に理解することである。複雑な世界を構造的に理解するために手掛かりとなる地理的な見方・考え方は「空間的相互依存関係」である。そもそも「貿易」は世界各国の経済的なつながりを端的に表現している。それを読み解くことで国際的な関係を理解することができよう。ここで取り上げたＴシャツは，原料から加工，消費まで流れが比較的単純であるものの，世界中で利用されているので，国際的な流れを概観するうえで適切な事例であると考えられる。

　また，高等学校においての「深い学び」とは単に表面的事実を確認することではない。貿易統計を手掛かりにその裏で起こっていることに関心を寄せ，追求していくことが重要である。具体的にはＴシャツを手掛かりに，綿花の生産国，Ｔシャツの生産国，Ｔシャツの消費国といったグローバルチェーンの中で，具体的な地域で起こっていることを確認することも含まれる。また経済のグローバル化とは貿易の自由化と結びついた概念であるが，現実には完全な自由貿易は存在せず，政府がかかわっていることも理解させたい。

　さらに原料である綿花は，産業革命とその後のグローバル化をけん引してきた農産物であるといった歴史に関する知識があればさらに深い学びが得られよう。

　本稿で示した事例をヴィネットとして提示するならば，第1図「Ｔシャツの輸入と綿花の輸出」になる。これは，地理ケイパビリティ・プロジェクトで示された他のヴィネットと同様，完全な教材を提示するものではない。一つの指標から現代世界の地理的状況を考察する一例を示したものである。したがって，ここに示した以外の考察も可能であろう。例えば，ヴィネットに示したＴシャツは中国製であるが，私たちの手元に届くまでの工程の中で日本国内において行われる部分がある。デザインとプリントである。クラスや部活動で作成するＴシャツは，そのデザインは自分たちで作ったものであるから間違いなく国産であり，プリントも地元の業者に依頼することが通例であろう。グローバリゼーションの中でこのことの意味を考えることもできるかもしれない。

　Ｔシャツをめぐる教材化では，「地理的な見方・考え方」といいながら「地図」を用いていないが，実際には，地図的に世界を俯瞰することを求めている。志村ら（2017b）がいうところの「事象を地理的に見出す力」である。これは，地理の教員に必要不可欠な能力といえる。実際の教育現場では，これを基にさらに具体化された教材を構築していく必要がある。

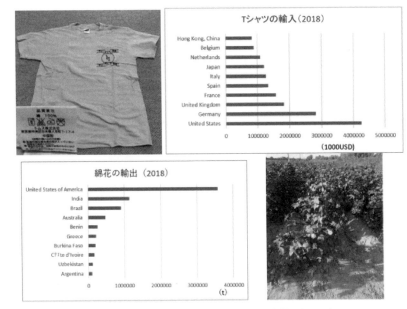

第1図　Tシャツの輸入と綿花の輸出（ヴィネット）

注

1）このワークショップは2013年9月に日本においても開催された。
http://www.aag.org/cgge を参照（2020年7月18日閲覧）
2）輸出量が生産量を上回ることが生じるのは，生産された年と輸出された年が異な
るためである。つまり，ある年の生産物が実際に輸出されるのは通常翌年以降に
なる。さらに輸出量には，その国で生産されたものだけでなく周辺諸国から買い
集めたものも含まれる。

文献

秋本弘章・中村文宣・武者賢一・西川昌宏（2017）：地理的見方・考え方にもとづく
防災についての考察．地理，62(10)，pp. 94-99.
井田仁康（2018）：「地理総合」の内容とその特性．碓井照子編『「地理総合」ではじ
まる地理教育』，古今書院，pp. 1-10.
井田仁康・伊藤直之・佐々木拓也・吉田裕幸・清水さくら（2017）：地理的見方・考

え方にもとづく生活文化の多様性．地理62(8)，pp. 96-101.

大津和子（1987）：『社会科－一本のバナナから－』，国土社．111p.

大西宏治・山本隆太・高木優（2017）：地図・GIS を活用した地理的見方・考え方．地理，62(7)，pp. 108-113.

柴田祥彦・麻生慶彦・広瀬悠三・志村喬（2017）：NIMBY 施設の立地を地理的見方・考え方で検証する．地理，62(11)，pp. 92-97.

志村喬・山本隆太・広瀬悠三・金玹辰（2017a）：イギリス発「地理的見方・考え方」に気づく1枚の図．地理，62(6)，pp. 96-101.

志村喬・山本隆太・広瀬悠三・金玹辰（2017b）：「事象を地図的に見出す力」に気づかせる地図のない図表．地理，62(12)，pp. 96-104.

永田成文・金玹辰・泉貴久・福井朋美・藤澤誉文（2017）：エネルギーをテーマとした地理 ESD 授業．地理，62(9)，pp. 100-105.

ビエトラ・リボリ著　雨宮寛，今井章子訳（2006）：『あなたのTシャツはどこから来たのか？－誰も書かなかったグローバリゼーションの真実』，東洋経済新報社，331p.

IGU CGE（1992）1992 INTERNATIONAL CHARTER ON GEOGRAPHICAL EDUCATION. https://www.igu-cge.org/1992-charter/

第5章

歴史を教わる立場から歴史を教える立場への転換
―教職科目における学生作成の歴史教材ヴィネットを通して―

茨木　智志*

Chapter 5

From being taught history to teaching history: Creating vignettes for history teaching in teacher education classes

Satoshi IBARAKI*

ABSTRACT

This paper describes an activity conducted in a teacher education class wherein aspiring secondary social studies teachers were asked to create a vignette as part of their history teaching materials. The intention was to transition these would-be teachers from learning history to teaching history. By creating a vignette, presenting the vignette and fielding questions, and preparing an answer report, students come to understand that textbooks are not the only authoritative accounts of history, as historical events can have various meanings. By learning how to teach history in this way, the students were able to acquire basic of nature and competency as secondary social studies teachers, who have to teach history along with geography and civics.

1．はじめに

　本稿は歴史を教わる立場から歴史を教える立場への転換について，中等社会科教職科目における学生作成の歴史教材ヴィネットを通して検討していくものである。

　歴史教育に関わる社会科教員養成はどのようにあるべきか，その中で大学

＊上越教育大学　Joetsu University of Education

での教職科目では何をすべきか，これは難しい問題である。教育そのものに多くの議論がある一方で，歴史研究でもその在り方をめぐる議論が継続している。社会科でも理念，目的，内容，方法，評価をはじめ多方面からの議論が百出している。このような状況下で筆者は，歴史教育に関わって社会科の教職科目が基礎として第一になすべきことは何かを模索してきた。その結論として，学生たちの歴史教育に対する意識が問題をはらんでおり，社会科教員養成としては，出発点としてこれを転換する必要があると考えている。

　程度は個々人によるが，多くの学生たちは，歴史は教科書の中にあって，それを覚えるのが歴史の勉強であるという意識を持っている。つまり，ただ受け身に歴史を捉えて「歴史を教わる立場」にいる。このままでは，いかなる歴史教育ひいては社会科教育にも教員として対応することはできない。そのような学生たちを，主体的に歴史に分け入って「歴史を教える立場」にいわば無理やり置くことで，歴史や歴史教育への意識を転換させたいと考えている。

　そのため筆者は，社会科教育を学び始めたばかりの学生に1枚の紙に歴史教材を作成することを求めている。詳しくは後述するが，その歴史教材には中心となる資料があり，題目，取り上げる題材，資料の情報，作成者の意図などを記載するものである。本稿表題ではこれを「歴史教材ヴィネット」と表現した。ヴィネットとは，いくつかの問いを持った1枚物の図表であり，地理教育においてジオ・ケイパビリティの観点から教員や学生・生徒の「力強い学問的知識」を向上させるために国際的に取り組まれている材料である（志村ほか，2017：志村，2018）。以下で述べる本稿での取り組みは，学生にヴィネットとして作成を指示したものではなく，厳密な意味で地理教育でのヴィネットに及ぶものではない。ただし，共通する部分も見出され，また相互に活用できる点もあると考えたため「歴史教材ヴィネット」として参考に供する次第である。

　以下，本稿では筆者が勤務する上越教育大学での中等社会科教員養成の概

要と「社会科・地理歴史科教育学基礎」について，その中で実施している
「歴史事象の教材化」での歴史を教わる立場から歴史を教える立場への転換
について見ていく。

2．上越教育大学における中等社会科教員養成と「社会科・地理歴史科教育学基礎」

2.1．上越教育大学における中等社会科教員養成

　筆者の勤務する上越教育大学における中等社会科教員養成について確認し
ておく（茨木，2015）。上越教育大学の学部学生は2年進級時に社会，国語，
理科等の各コース・科目群に分かれる。社会系コースの学生は，卒業要件で
ある初等教員免許取得に加えて，中等社会科教員免許（中学校社会，高等学校
地理歴史，高等学校公民）をほぼ全員が取得する。

　社会系コースに所属する学生は，2～4年次において全学共通の科目とと
もに，社会系コースの科目を履修する。社会系コースの科目は，地理・歴
史・公民の諸学に関する科目そして社会科教育学に関する科目で構成されて
いる。これらの科目を履修しつつ3年次から希望に応じたゼミに所属して各
自が設定した論題で卒業論文を執筆して卒業する。

2.2.「社会科・地理歴史科教育学基礎」の諸課題

　次に「社会科・地理歴史科教育学基礎」について説明する。中等社会科の
教職科目は4科目ある。学生は2年次前期に「社会科・地理歴史科教育学基
礎」と「社会科・公民科教育学基礎」の2科目を履修し，3年次前期に初等
教育実習に行った後に，後期の「社会科・地理歴史科指導法」と「社会科・
公民科指導法」の2科目を履修して，4年次前期に中等教育実習に臨む流れ
となる。つまり，「社会科・地理歴史科教育学基礎」は「社会科・公民科教
育学基礎」とともに社会系コースに所属したばかりの2年生が初めて学ぶ社
会科教育に関わる科目となる。なお，教員免許取得のため他コースの学生や

大学院学生も履修している。

　「社会科・地理歴史科教育学基礎」の目標は，初めて社会科教育を学ぶ学生に対して歴史教育および地理教育とは何かを理解させることにある。社会系コースを選んで進級してきた学生たちであるので，基本的に社会科が好きで成績もよかった者が受講している。しかし，個人差はあるが，社会科に対する意識は非常に固定的なものであることが多い。歴史で言うと，歴史とは，ある決まったものがあり，それが教科書などに記されているという前提に立っている。これは学生たちが定期試験や入学試験という環境の中で歴史を学んできたことに起因していよう。極端な例では，歴史は覚えるものと断言する学生もいる。このような学生たちではあるが，前述したような2年次以降の社会系コースの科目で学びつつ，卒業論文への取り組みに至る中で，このような意識から脱却していくことになる。「社会科・地理歴史科教育学基礎」が取り組むべき課題でもある。

　さらに，学生たちの意識にはもう一つの課題がある。それは社会科教育では教え方という方法のみを学ぶと考える傾向である。方法は大切なものであるが，理念や目的，内容，評価等とともにカリキュラム全般を対象としたものであり，教員養成に関わってはカリキュラムの開発までも重要な要素となるものである。さらに関連して，社会科授業において"内容のない方法はない"ものであるが，方法のみが単独で存在するような意識も学生たちには感じられる。これも「社会科・地理歴史科教育学基礎」が取り組むべき課題である。

3．「社会科・地理歴史科教育学基礎」における「歴史事象の教材化」

3.1.「歴史事象の教材化」の目的

　「社会科・地理歴史科教育学基礎」では，おおむね前半で筆者が歴史教育を，後半で志村喬が地理教育を取り上げている。前半においては，社会科を専門とする第一歩として歴史教育の基本を理解することに主眼を置いている。

年度により異同はあるが，鹿野政直（1998）『歴史を学ぶこと』の一部の講読，歴史学習の課題の講義，板書の案の作成などの後に，ここで取り上げる「歴史事象の教材化」を課している。なお，その後は視聴覚教材として映画の活用，技術史教材としての火起こしの体験と考察，学習指導要領の特徴に関わる講義などを実施して，最後に歴史史料の教材化についてのレポートを求めている。以上を通じて，歴史教育の基本を学ぶことを目指しており，その基本の重要な一要素として，教わる立場から教える立場への意識の転換を図ることを意図している。

　「歴史事象の教材化」は，特定の歴史事象について，その教材化を求めるものである。授業担当教員の意図の第一は，受講生が自ら選んだ歴史のある事象の調査に取り組んで，その意味や価値を見出し，その結果を他の人に根拠をもって伝えるという作業，つまり歴史の教材作成の初歩を通じて，歴史を教える立場やその面白さと難しさを自覚させることにある。社会系コースに所属したばかりの2年生にとっては，教科書内容を学ぶのが歴史学習であると思い込んでいたのが全く通用しない事態への直面として回想される場合が多い。意図の第二は，社会を学び教える者が備えるべき基本を身に付けさせることにある。具体的には，利用した文献等の書誌情報の記載方法，文献や資料そして著者に関わる情報の重要性の認識，インターネット等の各種情報の取り扱いの留意点など，大学生としての基本を自分が作成した教材を通じて確認する機会とする。取り上げる文献等への慎重な検討や書誌情報の重要性をここで初めて認識したという回想も多い。

3.2.「歴史事象の教材化」の指導

　「歴史事象」については，共通のテーマとして日露戦争を指定して「日露戦争の教材化」として受講生に提示している。「歴史事象の教材化」の意図からすれば，歴史上の何を取り上げてもよいと考える。ただし，共通のテーマがあったほうが，互いの発表を検討しあうのに都合がよい。また，初めて

の教材作成であるので，関連する文献などが比較的多く，取り上げやすい近代とし，その中でもすべての受講生が一定の知識として持っている歴史事象がよいと考えた。

　その中で，日露戦争としたのは教科教育のいわば教材として適しているためである。対象は日本にとどまらず，対戦国のロシア帝国，そして戦場となった中国（清国）・朝鮮（大韓帝国），それらをめぐる欧米諸国などの自国史と世界史の問題があり，主戦論・非戦論に見られる戦争と平和の問題もある。日本全体に影響が及んだため，地域に残る素材も多い。また，新聞・雑誌を代表とする発達した当時のマスメディアが戦争をめぐる様々な情報を提供している。いわゆる庶民の動きも比較的見出しやすく，戦争を厭う心情の表現もこの当時は存在しえた。さらに，防衛戦争論・侵略戦争論など，当時から現在に至るまでの日露戦争の位置づけや議論も教材として興味深い題材となる。なお，学生にとって日露戦争は，小中高と教科書で勉強した記憶はあるが，第2次世界大戦と比べると印象の薄い出来事と捉えられている。

　具体的な指示と流れは次のとおりである。「日露戦争の教材化」として，各自が日露戦争に関わることを調べてA4判用紙1枚の発表資料を作成し，他の受講生を生徒として発表する。発表資料には題名（タイトル）を付け，「1．取り上げる題材」，「2．取り上げる資料と出典，関連する情報など」，「3．生徒に理解させたい点」を簡潔に記載して，用紙のおおむね下半分に具体的な資料を掲載する。例として教員が作成した3種の発表資料を配布して説明している。発表は約3分で，発表後に質疑応答があり，それとは別に受講生全員が各発表に対して質問を書く。その質問は次回に各発表者に渡され，発表者は質問に対してA4判用紙1～2枚の回答を作成して提出する。回答は全員に配布される。

　発表の内容については，日露戦争に関わるものであれば何でも可としている。そして，生徒として発表を聞く対象は大学生とすることを指定している。

つまり，教材化とはいえ中学生や高校生を対象と想定するものでなく，内容
も中学・高校の教科書や学習指導要領に制限されるものではないことを強調
している。受講生には，教科教育としては最終的には児童・生徒の教育に到
達すべきものであるが，社会科教育・歴史教育の第一歩として，各自が歴史
そのものに取り組んで，理解し考えた内容を教材として他の人（同じ大学生）
に根拠をもって正確に伝えることから始めると説明している。

　趣旨を確認するため教員が例示した発表資料について説明する。そのうち
の一つが資料1である。題目を「松代町は日清・日露戦争とどのように関わ
ったか」として新潟県の一地域を取り上げて，「地域社会における日露戦争
の意味」を通じて歴史を考える素材とした。具体的には町史に掲載された戦
病死者や帰還者等の名簿を資料とした。各表の人数や死亡の日時・場所の記
載などによって地域を通しての日露戦争の意味の一端が確認できる[1]。例示
した発表資料の二つ目は，ネルー（1966）『父が子に語る世界歴史』から，
1932年12月29日の手紙における日本の勝利に「感激」したという記載と，翌
日の手紙における日本が「侵略的帝国主義諸国」に加わっただけであったと
いう記載を並べて，アジアから見た日露戦争観の問題について考える素材と
したものである。三つ目は，新潟県上越市の寺院の境内に建てられている，
旅順で戦死した人物の石碑の写真と碑文を掲載して，地域における日露戦争
との関わりと慰霊について考える素材としたものである。書籍からではなく，
地域に残されているものの教材化の例でもある。

資料1：例示した発表資料

（掲載に際して資料中の氏名は黒塗りにした）

日露戦争の教材化　　　　　　　　　　　　　社会科・地理歴史科教育学基礎

　　松代町（現・十日町市松代地区）は日清・日露戦争とどのように関わったか
　　　　　　　　　　　　　　　　　　　　　　　　　　　　　　　茨木智志

1．取り上げる題材
　　地域社会における日露戦争の意味
2．取り上げる資料と出典、関連する情報など
　　松代町での戦死者の名簿（等）
　　松代町史編纂委員会編『松代町史』（下巻、松代町発行、1989年）の「第3編 近代、第4章 軍事」に掲載されたデータを使用（79～86ページ）。
3．生徒に理解させたい点
　　名簿から読み取れることを各自に考えさせる。そのなかで動員、戦死の人数を、全国的な数字のみではなく、地域社会での数字で確認する。日清戦争については、戦病死である点、軍夫の存在、死亡場所に台湾が多い点などを確認する。日露戦争については、動員人数、戦死した場所などを確認させる。

日露戦争

日清戦争

ポーツマス条約　1905（明治38）年9月

下関条約　1895（明治28）年4月

４．「歴史事象の教材化」への学生の取り組み

4.1. 発表の準備

　学部２年生の場合，まだゼミでの演習が始まっていないこともあり，このような個人による発表はほぼ初めての経験となる。期末のレポート中に記載された感想では，〈びっくりした〉，〈どうすればよいのか分からなくてすごく困った〉，〈自分で教材を作るという今までしたことのない授業〉，〈最初はすごく戸惑った〉などと困惑した状況が述べられている[2]。

　発表に至るまでの準備も手探りの中で進めているようである。教員からは，基本として書籍で調べることを求めている。インターネットの情報には細心の注意が必要であることを言い，作成者が分からないもの，特にウィキペディアを根拠とすることを禁止している。〈教科書や資料集…しか見たことがなく，自分で探すといったことをしたことがなかった〉，〈そもそも文献に当たるということをしてこなかった〉，〈何を調べればいいのか分からなかった〉という中で，〈実際に自分で本を借りて，どこが授業で使えそうかを考えて，どのように授業で使ったらうまくいくのか，初めてしっかりと考えさせられた〉という経験をしながら発表資料の作成や口頭発表の準備に取り組んでいく。このときに初めて大学の図書館に通って文献を調べたという回想も毎年見られる。特に学部２年生にとっては，難度の高い課題と受けとめられている。

4.2. 発表の実施

　発表は，決めた順番にしたがって受講生を２つに分けて２回（２週）にわたって実施する。過去の発表の題目を列挙すると，次の表のようになる。

第1表　「日露戦争の教材化」における受講生の発表題目等

2015年度
日露戦争での兵器導入とそれに伴う人々の関係（書籍掲載の表），日清・日露戦争での日本の国際的地位はどのようなものであったか（書籍掲載の風刺画），報道における主戦論はどのようなものだったか（書籍掲載の新聞論説），韓国で考える日露戦争下での植民地支配（書籍掲載の表），日露戦争の国民への負担（書籍の記述と図表），近代兵器は日露戦争にどのように関わったか（書籍の記述と表），日露戦争の影響はどのようなものであったか（書籍の記述：ポーランド），絵から見た日露戦争はどのようなものであったか（書籍掲載の風刺画と新聞），与謝野晶子は日露戦争をどのように見ていたか（詩と書籍での解釈），日露戦争による都道府県別戦死者数から読み取れるもの（書籍掲載の表），イギリスとロシアの対立と日英同盟（書籍掲載の表），上越から出征し日露戦争という大きな歴史的戦いの中で戦死された人々の記録は現在にどのように残っているか（地域の石碑の写真とその碑文），日露戦争に出兵した夫を思う女性の気持ちはどのようなものであったか（書籍掲載の詩），日露戦争で民衆の生活をどれほど圧迫していたか（書籍掲載の図表），日露戦争における日本の勝利がアジアにどれほどの影響を与えたか（書籍掲載の史料：ファンボイチャウの書簡），日露戦争前後の中国人の苦しみはどのようなものであったか（書籍掲載の中国人の回想），日露戦争前後で日本の国際的地位はどのように変化したか（書籍の記述），アメリカの日露戦争への介入（書籍の記述），ロシアから見た日露戦争（書籍掲載の写真と記述），反戦論者の声はなぜ届かなかったのか（書籍の記述と風刺画），日露戦争下における沖縄への影響とその後の爪痕（書籍掲載の史料と写真）
日露戦争における兵士の姿を見る（書籍掲載の兵士の日記），ロシアにおける日露戦争の非戦論はどのようなものがあったか（トルストイの論文），日露戦争前後の農村疲弊（書籍掲載の平民新聞記事と風刺画），日露戦争時，ロシア人は日本人をどのように思っていたのか（書籍掲載の風刺画），兵士から見た日露戦争の生活はどのようなものであったか（書籍掲載の日記と表），日露戦争をロシア側から考える（書籍掲載の風刺画），戦費調達から見える日露戦争の実態（書籍掲載の表），日露戦争中における兵士の「戦友」への思い（書籍掲載の表と「戦友」の歌詞），ポーツマス条約にこぎつけた日本海海戦はどのようにして勝利したのか（書籍掲載の図），日露戦争における開戦論と非戦論の主張は何であったのか（書籍掲載の新聞論説），朝鮮から見た日露戦争の性格はどのようなものか（書籍の記述），近代戦と日露戦争（書籍の記述と写真），日露戦争は日本のイメージをどのように変えたのか（書籍の記述），日露戦争と日比谷焼打ち事件（書籍掲載の新聞報道），日露戦争におけるロシアとの交渉はどのようであったか（書籍掲載の記述と表），日露戦争と地域との関わりにはどのようなものがあったか（地域の石碑の写真，県史掲載の表）
2016年度
日露戦争時の韓国との関係（書籍の記述と写真），武力の限りを尽くした日露戦争はどのようなものであったか（書籍掲載の表），日露戦争における人員の損害はどのようなものであったか（書籍の記述と表），諸外国から見た日露戦争前後の日本はどのような

ものであったか（書籍掲載の風刺画），日露双方への支援国から見た日露戦争はどのようなものであったか（書籍掲載の風刺画），日露戦争が国民に与えた被害はどのようなものであったか（書籍掲載の数値と風刺画），風刺画から読み取る日露戦争の講和会議の展開と結末（書籍の記述と風刺画），東郷平八郎が日本海海戦により手にしたものとは（書籍の記述），日清・日露戦争の前後で日本の工業の移り変わりはどのようなものであったか（書籍の記述），日露戦争時におけるロシア側の諜報活動の状況はどのようなものであったのか（書籍の記述），日露戦争において宗教（特に仏教）はどのように関わっていたのか（書籍の記述），レーニンが考える日露戦争とは（書籍の記述），日清戦争から日露戦争の間における産業革命の進展はどのようなものであったか（書籍掲載の表），日露戦争における日本陸軍の戦いはどのようなものだったか（書籍の記述），日露に関わる他の同盟国の動き（書籍掲載の風刺画），日露戦争において日本が優勢であった経緯と理由（書籍の記述），与謝野晶子の観点から見た日露戦争と女性の権利（書籍掲載の情報と詩），戦時中，日本国民はどう日露戦争を捉えていたのだろうか（書籍掲載の風刺画），沖縄県人は日露戦争にどのように関わったか（書籍の記述），内村鑑三はなぜ日露戦争時に非戦論を唱えたのか（書籍の記述），日露戦争期のロシア人の心境とその変化（書籍掲載の風刺画），日露戦争時の出征兵士見送りの様子（書籍の記述），なぜポーツマス条約で賠償金は取れなかったのか（書籍記載の史料），閔妃暗殺事件（明成皇后弑殺事件）から考える日本の過ち（書籍の記述と写真），日露戦争の舞台・韓国と満州（書籍掲載の写真と地図），ロシアの側から見る日露戦争（書籍掲載の史料）

日露戦争はどのようにして起こったのか（書籍の記述），日露戦争と増税（書籍の記述と風刺画），国民が背負った負担（書籍の記述と表），ロシアに次ぐ大敵（書籍の記述），日露戦争が世界に与えた影響はどのようなものであったか（書籍の記述），「三四郎」から見る日露戦争後の日本社会（文学作品の記述），日露戦争時の新聞が論じたロシアとはどういうものだったのか（書籍の記述），日本海海戦―バルチック艦隊の敗北―（書籍の記述と地図）

2017年度

高校日本史・世界史の教科書から見た日露戦争についての書き方の違い（教科書記述の比較），作戦に臨む兵士の心情とはどのようなものだったか（書籍掲載の史料），戦争における「戦場」というものはどういう特徴を持ったものであったか（戦記の記述），日露戦争中の兵士の生活はどのようであったか（書籍掲載の兵士の手紙），富山県は日露戦争とどのように関わったか（県史掲載の表など），日露戦争時における言論の統制とはどのようなものであったか（書籍掲載の新聞と詩），風刺画から見る徴兵された人々（書籍掲載の風刺画），外国新聞から見るポーツマス条約（書籍掲載のアメリカの新聞記事），日露非戦論から戦争の是非について考える（書籍の記述と写真），風刺画から日露戦争を読み取り感じる（書籍掲載の風刺画），日露戦争において各兵の消費弾薬はどのくらいであったか（書籍掲載の表），歴史地図から考える日露戦争（書籍掲載の歴史地図），日露戦争中の本土の国民はそのような心持だったのか（書籍の記述），日露戦争が与えた世界的影響はどのようなものであったか（書籍の記述），新潟県における戦病死した従軍者への遺族への補償はどのようなものであったか（県史掲載の史料と表），第十三師団は戦争時どのようにして設置され機能していたのか（市史掲載の史料），小村

寿太郎から見る教科書の怖さ（書籍の記述）

日露戦争時の日本の経済状況はどのようなものであったか（書籍の記述），お雇い外国人が見た日露戦争当時の国内世論（日記の記載），日露戦争に見る国際化の視点（書籍の記述），ロシアの司令官の手紙から考える（書籍掲載の提督の手紙），八甲田雪中行軍遭難事故と日露戦争（書籍掲載の地図，当時の報道），日露戦争後の仙台のロシア人捕虜はどのような扱い方をされたか（県教育史の記述），日用品から見る日露戦争（当時の教科書，ホームページ掲載の写真），戦陣疾病から見る日露戦争（書籍掲載の表）

注：2015〜2017年度における発表題目を挙げ，取り上げた主な資料・情報や補足を括弧内に記載した。点線以下は大学院学生によるものである。

　第1表を見ると分かるように，発表の内容としては多方面から多種多様なものが取り上げられている。ロシアや中国，朝鮮などからの視点もあれば，日本でも政策，軍事，生活などの様々な観点からも取り上げられている。発表を聞く受講生にとっては，〈新たな発見〉，〈自分には思いつかないような発想〉，〈様々な切り口から見ていくことができるということ〉，〈視点を変えることで多様に授業を展開することが可能であること〉，〈発表者の数だけ日露戦争の多様な見方があるのに驚いた〉などと，日露戦争という一つのテーマが様々な取り上げ方のなされることに新鮮な驚きをもって，それぞれの発表を見ている。相反する見方が提示されることも少なくない。また，学部生は〈院生のレベルの高さ〉を見て，刺激を受けている。

　担当教員としては，提示した何らかの資料を読み解く作業を通じて何らかの事実を取り出し，それに対する解釈や意味を議論できるものが教材としては望ましいと考えている。ただし，特に制限は設けずに，発表者が興味と関心に応じて自らが問いを立てて調べた内容という点を尊重している。

　発表の内容は，関連書籍に掲載された情報を取り出してくるのが基本となる。その情報は様々である。まず，当時の新聞・雑誌・日記・手紙などの記述，写真や絵画などがある。そして，現在までの研究や評論などの記述，地図・統計などの図表などもある。風刺画を取り上げる発表も多い。書籍からではなく，自分が撮影した写真や各種媒体からの写真を取り上げる場合もあり，院生になると文書館等が公開している史料を利用する場合もある。何を

取り上げるかは，受講生が一番頭を悩ます部分であり，各自の工夫の結果が
第1表にあらわれている。

　ただし，何を伝えたいのかという意図は明確ながら，取り上げた資料等に
関わる最低限の検討を抜かしている発表も少なくない。つまり，社会科とし
て教材化するに当たっての前提を欠いているわけである。書籍の中の記述を
引用してくる発表が多いが，その執筆者がどういう人物であるのか，いつ，
どのような状況や意図でこのように記述したのかの確認がない場合も多い。
探していた内容や興味を引く内容に接して，それに飛びつく傾向がある。ま
た，風刺画についても，見た目の面白さは大切であるが，いつ，どこで，誰
が，誰にむけて，どのような意図をもって描いたものであるのかという風刺
画利用の基本を踏まえずに，表面的な解釈で説明してしまう発表も少なくな
い。〈初めての教材作成〉であるため仕方がない部分もある。さらに，自分
が取り上げた資料を正確に読めない，十分な説明ができないという状況も
多々ある。これらの点は，発表後の質疑応答を通じて，発表者にその問題点
の自覚を進めさせることになる。

4.3. 発表に対する質問

　発表ごとに質疑と応答を行なう。時間の関係で，直接の質問は受講生1名
からと教員からとしている。質問者は順番で決めてあり，全員が1回はその
場で質問する。

　受講生にとっては，発表に対して質問をするという行為が難しいものとな
っている。これを改めるのも授業の課題の一つである。授業全体を通じて社
会科にとって問いを立てること，自他への質問を投げかけることの重要性は
つねづね強調している。発表時においても質問というのはケチをつけたり，
文句を言ったりとは異なるものであること，質問を考えることは重要な訓練
であり，答える発表者にとっても有益なものであり，質疑応答を聞く他の受
講生にとっても参考になるものであることを説明している。それでも慣れな

いうちはなかなか難しいようなので，感想でもよいとしている。質問者以外の受講生も発表ごとに各自の質問を用紙に記入する。

　質問の多くは，取り上げた資料や説明への補足を求めるものとなる。前述したような，取り上げた資料等に関わる検討や説明の不足が露呈する場面でもある。取り上げた資料や記述等の作成者・執筆者や時期，性格，意図，背景などの基本情報をはじめ，関連する具体例の要求，資料内の言葉の解説，当該資料を取り上げた理由などが問われることが多い。質問の中には発表から引き出される関連情報を求めるもの，教材化に当たっての改善の提言，分かりやすさなどのよかった点の指摘などもある。〈伝わらなかったところや調べ足りなかったことなどたくさんの課題が見つかった〉，〈資料や発表の不十分さを感じた〉，〈情報の信憑性の大切さ〉を知った，〈史料の背景や著者に関する情報など多くのことを調べる必要があると分かった〉など，質問を通じて互いの課題の確認がなされている。一方で，発表内容を誤解しての質問や感想もある。教員からは，発表の反省材料とすべきと伝えている。

　教員から質問は，資料に関する書誌情報記載の不備や基本情報の説明不足の指摘に時間を割いているのが実態である。〈参考文献の書き方を知らなかった〉という声が毎年かならずあり，事前指導で工夫を重ねている。加えて，発表者の意図が歴史教育にとっていかなる意義を持つものであるのかの解説を含めることを意識している。発表者はまず自覚していないが，各発表は歴史教育実践の取り組みのどこかに関わるものである。その点を伝えるようにしている。

　受講生が書いた質問や感想は教員が整理して翌週に各発表者に配布する。すべての質問の中から3つほどを選んで下線を引いて，少なくともその質問に答えるように求めている。教員としてはなるべく，調べて比較的簡単に答えられる質問と新たな情報から考えて答えを引き出すべき質問とを組み合わせるように心がけて選んでいる。どうしても答えが見出せない場合は，何をどこまで調べたかという自分の探求の過程を記載するように指導している。

5．ある受講生の取り組み

　ここでUさんとKさんという2名の学部2年の受講生について取り上げる。
　発表という課題が出たときの印象をUさんは〈今まで経験したこともない
ような課題であり，いったいどこから手を付けて，どのように調べていけば
よいのか右も左も分からない中から始めた学習だった〉と述べている。Uさ
んは「日露戦争の国民への負担」というテーマで，「戦争時の新設税制度」
を題材にして発表した（資料2参照）。戦争により増大した国民の財政的な負
担がいかなるものであったのかを示すのが目的となる。〈増税に関する資料，
情報を裏付けるような資料を見つけ，…更に要約しなくてはならない作業〉
であり，〈とても考えさせられるもの〉であったこと，そして〈周りの人に
説明するために私自身がまた一から勉強しなければ〉ならなかったことを述
べている。
　発表は，戦争前後の1戸や1人あたりの税負担額の増加を示す図表などを
示し，増徴された税や新設された税の経緯や項目について大蔵省財政金融研
究所財政史室（1998）『大蔵省史』（第1巻）の記述からの引用で具体的に説
明しようとしたものであった。Uさんの発表に対して次のような質問や感想
が寄せられた。

　○賠償金の具体的な内容は教えるのですか（通常，賠償金を得た際にどのように使
　われるのか）。　○過度の増税からの暴動という流れの中でどう考えさせるのか。
　○どのくらい国民に対して増税したのですか。　○増税によって苦しむことになっ
　た層は？　　○ああ増税の風刺画はいつごろ描かれたのか。　○中学校の歴史授業で
　国民への増税は既習。むしろ外債を扱うのが高校か。　○増税が一人の国民にどれ
　ほどの負担増になったのかを知りたい。　○今の生活の価値に合わせた具体例があ
　るとよいと思います。　○資料が充実していて良かったです。当時のレートがある
　とよりイメージしやすいと思います。　○「ああ増税」を見せたとき，増税の題名
　を言わないとして，生徒に何を表わすのかをどう気付かせるのか。　○戦後の国民
　の負担としてどのようなものがあったか。　○当時と現在とではお金の価値が違う

資料２：学部２年生Uさんの発表資料
（記載の一部はその後の「回答」で修正されている）

日露戦争の教材化　　　　　　　　　　　　社会科・地理歴史科教育基礎

日露戦争の国民への負担

1. 取り上げる題材
   日露戦争時の新設税制度
2. 取り上げる資料と出典、関連する情報など
   千葉良春『歴史資料体系　第Ⅰ期　近・現代の日本　西欧・アジアとの関係を探る第５巻　義和団事件と日露戦争』（学校図書出版株式会社、1997年、448ページより）。財団法人　大蔵財務協会『大蔵省史―明治・大正・昭和―　第１巻』（財団法人　大蔵財務協会、1998年、365–383ページより　原稿執筆　大森とく子）。野澤伸平『山川　詳説日本史図録（第５版）』（株式会社　山川出版社、2012年、234ページより）。
3. 生徒に理解させたい点
   高校の教科書には、日露戦争の軍事費(17億円)のうち約８億円が外債に依存していたということは記されているが、残りの約９億円についてはあまり記されていない。その９億円のうち約６億円が内積、残りの約３億円は国家の準備金と非常特別税等の国民に対する過度な増税負担から成っていた。以下の資料から増税が戦前から戦後にかけて、いかに国民に負担をかけていたのかを理解させる。また、ポーツマス条約において賠償金が獲得できなかったことに対し、国民が何故日比谷焼打ち事件のような暴動を起こしたのかを考えさせる。

④日露戦争のための増税

租税１人当り (A)
1897　3,240
1904　5,217
1905　5,985
1906　6,797
1907　7,614
1908　8,506
1909　8,784
1910　8,561
1911　8,838
1912　9,127
1913　8,910
1914　8,872

（手書き）日露戦争→　年間で１人当たりが納めた租税の金額の推移

日露戦争の大部分は、当初から公債・借入金などによってまかなうほかはないと考えられていたが、その償却の利払いを確保するという意味から、まず増税計画が立案され、明治37年1月、第１次「非常特別税法案」が閣議で決定さ

（中略）

この第１次非常特別税は、第20議会提出の臨時軍事費及び臨時事件予備費予算4億2,000万円の財源の一部として、6,130万円の増収を予定して計画された。その内容は、地租、営業税、所得税、酒税、砂糖消費税、醤油税、登録税、取引所税、狩猟免許税、鉱区税及び輸入税（関税定率法）を引き上げるとともに大幅増税し、さらに塩、毛織物、石油、揚油の消費税を新設し、民事訴訟用印紙及び商事非訟事件用印紙の増税を図るというものであった。

（中略）

ところで、この大増税の宣言、38年度予算の編成にあたって、戦費の追加約7億8,000万円がさらに計上される事態となって、再び非常特別税の増税計画が検討された。大蔵省当局は、第１次非常特別税はせいいっぱいの増税であって、同じ年に２回も増税することは困難であるとの見解であったが、元老・閣僚合同会議の席上で、松方正義から「砂をかんでも職をするにかならんのに、増税ができないことがあるか」と督励され、第２次の増税を立案した。

第２次増税計画の内容は、第１に非常特別税の改正によって、再び地租、営業税、所得税、酒税、砂糖消費税、登録税、取引所税、狩猟免許税、鉱区税、鉱業営業税、印紙税、輸入税を増税し、小切手印紙税、砂金採取税税、通行税、織物消費税（毛織物以外に拡張する）、米及び麹の輸入税を新設し、行政審訟用印紙の増税を行なう。第２に、非常特別税と別立てて、恒久的の財源として相続税を創設する。第３に、塩専売を開始する、というものであった。増収

が，現在の金額は？　○誰が増税策を出したのか。　○たくさんの税があったと思いますが，それぞれがどんな税なのかまで説明できると授業が盛り上がると思いました。　○税を納めることの難しさはどのくらいだったのか。また，当時の円の価値など。　○本によって情報が違ったりすると思うので，使用するレジュメは統一したほうがいいと思う。　○なぜ賠償金が獲得できなかったのか。　○当時の円の価値は？　○具体的な数字で分かりやすかった。　○表の中の金額は当時の価値ですか，現在の価値ですか。　○どうして日比谷焼打事件が起きたのか。　○増税の苦しみが国民にどのような影響を与えたのか。　○一人あたりの租税が1909～1910年に減少しているのはなぜか。　○負担が増したことによる国民の対応はいかなるものか。　○増税金額がupする原因から分かったらいいと思った。　○増税だけが国民の負担であったように感じるのでは？　○年間で一人あたりが納めた租税の金額の表について，当時の税と今のお金を比べて記した方が良い。　○当時の税金のことを取り扱うならば，高橋是清についても言及したらもっと良くなると思いました。　○どうして日比谷焼打事件は起こったのか。　○当時の世相は新設される税負担を容認したのか。反対はなかったのか。　○読むだけの授業になってしまうのではないでしょうか。　○輸入税と消費税はどのくらい引き上がったのですか。　○増税に対し当時の国民はどのように感じていたのか。　○外債の具体的な説明が欲しい。　○現在の円の価値が異なっており，資料の読み取りでは混乱しないのか。　○もし賠償金が獲得されたら国民にどのような賞与があると考えられたのか。日清戦争のときの賠償金が国民にどのように与えられたのかと比較すると，より分かりやすいと思う。

　質問は単純なものから複雑なものまである中で，特にUさんの発表に対しては資料や説明から引き出された疑問が多く，発表時の説明不足に起因するものが散見される。感想としては好意的に受けとめたものと改善箇所を指摘するものも見られる。発表は戦争時の増大した国民負担を，増徴した税と新設した税の種類の多さで示す形になっていた。それが他の図表の数値等の情報とうまくつなげての説明になっていなかったため，具体的なものとして正確に受講生に伝わらなかった点が教材としての課題であった。そのため，Uさんは「回答」としていくつかの資料を追加して，より具体的な情報を提示することで質問に対応しようとした。すべての質問に正確に答えるには至ら

資料３：学部２年生Ｋさんの発表資料
（記載の一部はその後の「回答」で修正されている）

日露戦争の教材化　　　　　　　　　　　　　　社会科・地理歴史科教育学基礎

風刺画から読み取る日露戦争の講和会議の展開と結末

1. 取り上げる題材
   風刺画に描かれたポーツマス条約の過程
2. 取り上げる資料と出典、関連する情報など
   『日露戦争風刺画大全　下』(飯倉　章　芙蓉書房出版　2010 年発行「第 14 章　ポー
   ツマス講和会議の展開と結末」から引用)
3. 生徒に理解させたい点
   ポーツマス条約の風刺画を読み取らせ、各自に考察させる。そのうえで、風刺画が表し
   ている内容を説明し確認する。中学の教科書では講和条約の名前、条約内容、条約内容
   に対する不満・暴動のみが書かれていることが多い。この風刺画を読み取り会議前の憶
   測や条約内容に対する各国の考え方を理解させることで日本が条約に対して有利と考
   えられていたのにも関わらず、納得のいく条約を結べなかった経緯を示し、暴動が起き
   た理由を理解させる素材とする。

図14・2 タイトル不詳

Capt. : ミカド「余は準備ができており
ますぞ」
出典 : Hager, cartoon, *Seattle
Post-Intelligencer*, n.d., rpt. in
Literary Digest, Vol. 31, No. 5 (29 ·
July 1905), p. 136. 原典『シアトル・ポ
スト＝インテリジェンサー』（アメリ
カ）
作者：ヘイガー
◆金語のテーブルに腰を下ろしたニコラ
イは、持ち札の2を出そうとしている。
ミカドは即備万端と答えている。それも
そのはずで、隠している札はすべてエー
スである。

図14・14「修正されて」

Capt. : ヴィッテ「親愛なる小村さん、
これらの少しの変更で、貴殿の条件を受
諾いたします」
出典 : Sullivent, 'Revised,' *New York
American*, n.d., rpt. in *Literary Digest*,
Vol. 31, No. 8 (19 Aug. 1905), p. 235.
原典『ニューヨーク・アメリカン』（ア
メリカ）
作者：サリバント
◆ヴィッテ（左）が小村に「日本側要
求」を修正として提示している。「少しの
変更」と言うが、上から「賠償金」「続
順」「韓国」「満州からの撤退」「サハリ
ン島」は削除され、「ロシアの友誼」だけ
が残っている。見上げている小村は、不
満げにポケットに手を突っ込んでいる。
この画はイギリスの『デイリー・メー
ル』訳（8月18日）にも紹介されたが、
そこでの出典は『ニューヨーク・ジャー
ナル』となっている。

━━━━━ よそよそしい日露とローズヴェルト ━━━━━

図14・42「ピースメーカー」

Capt. : ローズヴェルト大統領「私はあの二人が握手するように説得す
るのに成功した。さて、それで感謝されてしかるべきだろう」
出典 : 'The Peacemaker,' *Morning Leader*, n.d., rpt. in *Review of
Reviews*, Vol. 32 (Oct. 1905), p. 351. 原典『モーニング・リーダー』
（イギリス）
◆講和が成って、日本とロシア（右）が手を取り合って墓場から去っ
て行く。それを見ているピースメーカーのローズヴェルトが、キャプ
ションのように言う。講和後の両国の対応に、ローズヴェルトがあま
り感謝されていないように感じたことを示しているのであろう。

なかったが，幅広く多くの文献に当たり，文献に記載された事実とそこから
考えた自己の推測や考察を分けて回答を執筆している。質問や感想を受けて，
提示した情報もそれだけでは正確な説明にならない点を克服しようとしたも
のである。また，他の受講生の発表について〈私とは全く違った視点〉のも
のや自分が〈用いなかった資料〉が使用されているものなどに接して，〈そ
れを聞き，見ることでお互いが知識を共有することができた〉と感想を述べ
ており，特にUさんにとっては他の受講生の発表が非常にいい刺激となった
ようである。

　Kさんは「風刺画から読み取る日露戦争の講和会議の展開と結末」という
テーマで，「風刺画に描かれたポーツマス条約の過程」を題材として発表し
た（資料3参照）。風刺画を通して第三国の視点から日露戦争を捉え直そうと
したものである。発表の準備について，〈私自身で日露戦争のことをたくさ
ん調べ，…どのように教えるか，どのようなことを教えるかということを深
く考えることができました〉と述べている。具体的な発表では，飯倉章
(2010)『日露戦争諷刺画大全』（下巻）から米英紙に掲載の3つの風刺画を選
んで，説明した。受講者からの質問や感想は次のようなものであった。

　○<u>各風刺画の描かれた意図は何か。</u>　○どうしてロシアは強気の態度を出せたのか，
その背景は？　○なぜ内容がこのようになったのか。　○ローズヴェルトはどのよ
うに協力したのですか。　○なぜ負けた国のロシアが強気で条件提示できたのか。
○風刺画からではなく文章でも詳しい内容が知りたい。　○なぜローズヴェルトは
あまり感謝されないことをしたのか。　○なぜ納得のいく条約が結べなかったのです
か。　○日本側は取り扱わないのはなぜか。　○日本が勝ったにもかかわらず下か
らの態度で臨んだわけは？　○各国の考え方とありますが，具体的にどのような国
がどのような考え方をしていたのですか。　○下の図の誰がどの国を象徴してるの
か。　○納得のいく条約を結べなかった経緯とは？　○なぜ教科書には条約内容に
対する不満，暴動のみが書かれているのか。　○図14-2が何を伝えようとしている
のか。　○とても面白いですが，ちょっと難しいのかなと思います。　○<u>なぜ米国は
仲介を引き受けたのか。</u>　○会議前の憶測は何があるのか。　○本についていた解説

の他に何か読み取れることがないか考えてみるといいと思います。　○生徒からの反応はどのような意見が出ると考えますか。　○3つ目の図で，何で日本とロシアが手を取り合っているのか。　○図14-2は具体的にどういうことを表わそうとしているのか。また，イギリスの新聞はなぜ日本・ロシアよりもアメリカに対しての風刺画を描いたのか。　○会議前の憶測とは具体的にどのようなものであったか。　○なぜ小村寿太郎は不満を述べることができなかったのか。　○なぜ日本が戦勝国なのに満足のいく条約を結べなかったのか。　○一番右の風刺画から，なぜ3国は墓場に立っているのか。　○賠償金がもらえなかったのにポーツマス条約が日本に有利だと言えるのか。　○一番左の風刺画でなぜ持ち札の2を出そうとしているのか。○どうしてロシアは賠償金を払わなかったのか。　○図14-2の風刺画はどういった意図があるのか。　○風刺画でポーツマス条約の過程の順番は？　○この会議でアメリカはどちら寄りにかかわって展開されたのですか。

　Kさんの発表は，風刺画の基本情報については書籍の記載を利用してある程度は正確に示しているが，風刺画の意図を示す細かい描写の説明が不足し，さらにポーツマス会議そのものの経過や会議をめぐる米英両国の動向についての情報が不足していた。そのため，この風刺の意味さらにテーマの意図が十分に伝えきれなかったことが質問にあらわれている。Kさんとしては〈理解できるように説明を〉したつもりであったが，実際には〈理解しにくい点や理解できなかった点を指摘してもらったおかげで〉，〈どのように説明すれば分かりやすいのかを考えるきっかけ〉になったと述べている。そして〈分かりづらかった点を自分で調べ直していくという作業〉を進め，それぞれの風刺画の意味を講和会議の経緯に位置づけて丁寧に説明を加えて，さらに外交史に関わる文献を活用して講和会議をめぐる米国の意図を解説した「回答」を作成している。質問を受けて，風刺画に描かれた意味と描かれていない背景を盛り込んで発表を補足したものとなっている。

　両名ともに自分の調べて得た知識が人に伝えるには不十分であった点を自覚した。そのため，その知識を増強することで質問や感想に答えることに努めている。人に伝えるという教える立場を強く意識したことが，それぞれの

取り組みから分かる。詳細は省略するが，両名の書いた質問用紙を見ると，自分の発表の問題点の自覚を他の発表者への質問に反映している様子がうかがえる。自分の発表や回答への取り組みのみならず，質問や他の発表など，受講生同士での影響が大きいことも確認できる。

6．おわりに

「歴史事象の教材化」を通じての感想には，〈教わる側の立場しか意識していなかったが，教材化を行うことでどのようにしたら理解させることができるだろうなどの教える側の立場を意識することができるようになった〉，〈教師の立場として生徒たちに何を伝えたいのか，何を題材にするのか，考える機会となった〉，〈教材を作るということがこんなにも大変であるのかと率直に感じた〉など，教える立場の難しさと面白さの一端を知った様子が述べられている。本稿で紹介した「歴史事象の教材化」そのものは非常に初歩的な作業であり，そのまま授業になるものでもない。社会科教員養成の入口として，個々の学生に「歴史を教える立場」を学生同士で体験させる一つの実践ということになる。

「はじめに」で述べたように，地理教育で推進されているヴィネットにはるかに及ぶものではない。ただし，この「歴史事象の教材化」は限定的ながら「歴史教材ヴィネット」としての側面も持つものと考える。その意味で次のことが指摘できる。第一に，教員養成として何より重要なのは一連の作成の過程である。単に発表資料を作成するだけでなく，口頭発表の準備，発表後の質問への回答の検討を通じても，完成に近づけていく過程にこそ各人の成長が見られる。また，他の発表を聞き，質問をする行為にも同様に互いの成長が関わっている。第二に，取り上げた資料が1枚の用紙に収められているということもあるが，初学者が作成する歴史教材としては単純化されやすい傾向がある。逆に言うと複雑なものが取り上げにくく，限られた内容になりやすい。本来のヴィネットは，ある資料（情報）から問いを通じて見方・

考え方や議論を拡大していくべきものである。「歴史事象の教材化」の場合，学生にそこまで求めるものではないが，ヴィネットとしての特徴に近づいている発表も存在する。今後の指導に活かしていきたい。

注

1）資料1に関して補足する。第一に資料全体から気付くこととして，次のような点が挙げられる。数でしか把握されない戦争での死者がそれぞれ名前を持った人たちであることである。また，地域における死者や出征人数の数字のみを10年前の日清戦争と比べるだけでも，日露戦争が最新鋭の兵器を駆使した，当時において史上最大の戦争であったことが確認できる。第二に資料の記載内容から気付くこととして，次のような点が挙げられる。「表26」の日清戦争の死者はすべて「戦病死」であり，下関条約調印後に死亡している。これは台湾で死亡した3名だけでなく5名ともに，下関条約で割譲された台湾での軍事行動に関わるものと判断される。日清戦争は，1898年の米西戦争と同様に死者の大半が病気によるという19世紀の戦争の特徴を持っていた。また，軍人は1名で，4名が「軍夫」となっている。軍夫は輸送に従事した非軍人であり，日清戦争はこのような非軍人の従軍がなされた戦争であった。「表28」の日露戦争の死者は松代町だけで21名にものぼっている。戦死者は1904（明治37）年9月から1905（明治38）年3月まで戦闘の進展にともなって続いている。そのうち4名は1905（明治38）年3月9日の同日・同場所で戦死している。これは奉天会戦と呼ばれる最大の陸戦で，これに勝利した3月10日は1945年以前において陸軍記念日として記憶された。戦病・戦傷による死者はポーツマス条約後も1907（明治40）年まで続いている。すべての兵士やその家族にとって講和条約で戦争が終わったわけではないことが分かる。第三に資料に記載されていない内容で，推測できることとして，次のような点が挙げられる。「表27」の日清戦争の「凱旋叙勲者」13名には軍人のみが記載されている。4名もの軍夫が戦病死していることから，軍人として「凱旋叙勲」されていないために記載されていない軍夫として従軍した人たちの存在が推測される。「表29」の日露戦争の「凱旋帰還者」の223名の中には，死亡して「表28」の「戦傷病死者」に掲載されることはなかったが，「帰還」してからも戦病・戦傷で苦しんだ人たちの存在が推測される。以上のように，様々な情報と照らし合わせると松代町という地域社会を通して日露戦争の意味が浮かび上がってくる。

2）「社会科・地理歴史科教育学基礎」の歴史教育に関わるレポートにおいて，授業

やレポートに関わる感想を書く項目を設定している。本稿ではここに書かれた記述を受講生の感想・回想として引用する。受講生のレポートという性格上，提出年度や記載者名などは省略した。なお，レポートでの記載は山括弧（〈　〉）で引用する（以下，同じ）。

文献

飯倉章（2010）：『日露戦争諷刺画大全　下』，芙蓉書房出版，pp. 139-194.

茨木智志（2015）：教員養成教育における社会科授業力形成－上越教育大学の社会系コースでの取り組みを事例として－．梅津正美・原田智仁編著『教育実践学としての社会科授業研究の探求』，風間書房，2015年，pp. 275-288.

大蔵省財政金融研究所財政史室（1998）『大蔵省史　第1巻』，大蔵財務協会，pp. 365-383.

鹿野政直（1998）：歴史に向かう．『歴史を学ぶこと』，岩波書店，pp. 1-33.

志村喬（2018）：イギリス教育界における「知識への転回」と教員養成－地理教育を中心に－．松田愼也監修『社会科教科内容構成学の探求－教科専門からの発信－』，風間書房，pp. 212-234.

志村喬・山本隆太・広瀬悠三・金玹辰（2017）：イギリス発「地理的見方・考え方」に気づく1枚の図．『地理』，62(6)，pp. 96-101.

ネルー〔大山聰訳〕（1966）：『父が子に語る世界歴史　第3巻』，みすず書房，pp. 213-223.

松代町史編纂委員会（1989）：『松代町史　下巻』，松代町，pp. 79-86.

第 6 章
ヴィネットを活用した思考・判断による社会科 ESD 授業
－地理教育と歴史教育と公民教育の連携を通して－
永田　成文*

Chapter 6
Social studies lesson plans as education for sustainable development based on thought and judgment by the use of vignettes: Collaboration of geography, history and civic education
Shigefumi NAGATA*

ABSTRACT

The core of GeoCapabilities is powerful disciplinary knowledge (PDK), which constitutes a special method from the viewpoint of sustainability. A lesson plan that cultivates GeoCapabilities uses a vignette to briefly exemplify PDK and then poses questions based on the vignette.

The way of thinking implied by capabilities applies not only to geography education but also to history education and civic education. When geography, history and civic education are combined, students can perform synthetic inquiries based on each concept and idea.

To create a social studies lesson plan for education for sustainable development, the writer developed a vignette and posed questions related to "energy self-sufficiency of the characteristic countries in the world", "water use in the characteristic countries in the world", "ways to think about whaling throughout the world" and "food supply and change around the world" for consideration and discussion.

Vignettes enable students to more easily imagine the present conditions, factors, and solutions related to a global problem, and to achieve higher order PDK by considering the discussion questions.

---

*三重大学　Mie University

1．持続可能な社会の形成を目指す公民としての資質・能力の育成

　2008年の中央教育審議会答申を踏まえ，2008年と2009年版の小・中学校社会科と高等学校の地理歴史科・公民科（以降「社会系教科」と表記）の学習指導要領では，持続可能な社会の実現を目指すなど，公共的な事柄に自ら参画していく資質や能力を育成することが示された。中山（2011，p. 1）は，社会系教科の学習指導要領は，「持続可能な社会」の用語で持続可能な開発のための教育（Education for Sustainable Development: ESD）を盛り込んだとした。

　2015年の「教育課程企画特別部会の論点整理」では，社会系教科において，主体的に社会の形成に参画しようとする態度等を育成すること，社会的事象について考察し表現すること，社会とのかかわりを意識した課題解決的な学習活動の充実等を図っていくことが強調された。2016年の「次期学習指導要領等に向けたこれまでの審議のまとめ」では，社会系教科における究極目標として「公民としての資質・能力（の基礎）」の育成が明示された。

　2018年の高等学校地理歴史科の目標の柱書きは，「社会的な見方・考え方を働かせ，課題を追究したり解決したりする活動を通して，広い視野に立ち，グローバル化する国際社会に主体的に生きる平和で民主的な国家及び社会の有為な形成者に必要な公民としての資質・能力を次の通り育成することを目指す」となった。公民科との違いは，「課題」が「現代の諸課題」となっている部分だけで，「公民としての資質・能力」を育成することは共通している[1]。小・中学校では「公民としての資質・能力の基礎」の育成が目指され，小学校から中学校で「広い視野に立ち」，中学校から高等学校で「有為な」の文言が加わるが，小・中・高等学校の社会系教科の目標は一貫している。

　「公民としての資質・能力」と従来から使用されてきた「公民的資質」の用語は同じ意味であるが，前者は課題を解決する能力を強調したものである。文部科学省（2008，p. 12）は，「公民的資質」について，「日本人としての自覚をもって国際社会で主体的に生きるとともに，持続可能な社会の実現を目

指すなど，よりよい社会の形成に参画する資質や能力の基礎をも含むものである」と示しており，社会系教科は持続可能な社会の形成するための資質や能力を育成するというESDの視点が導入されている。

2．教科内総合によるESDとしての社会科授業

2.1．社会系教科とESDとのかかわり

　2006年の「わが国における『国連持続可能な開発のための教育の10年』実施計画」では，ESDの目標を「環境，経済，社会の面において持続可能な将来が実現できるような行動の変革をもたらすこと」と示し，参加型アプローチを重視し，探究による問題解決能力を育成する学習プロセスの必要性が強調された。永田（2016，p.116）は，「公民的資質」とは，「持続可能な社会の構築を視野に入れ，現代世界に表出する諸課題の解決に向けて思考・判断したことを表現し，自己の行動を変革しようとする態度」と定義した。ESDでは，持続可能な開発に関する価値観や，様々な地域スケールで表出する持続可能性が脅かされている諸課題について，自分とのつながりから解決に向けて取り組む態度の育成が求められている。ESDの理念や方法は，「公民としての資質・能力」の育成を究極目標とする社会系教科と合致する。
　唐木（2017，p.195）は，公民教育から見たESDの最大の魅力は，「持続可能性」という考え方そのものにあるとし，「公民教育はどちらかと言うと，現代社会に存在する現在進行中である課題を取り上げ，その解決策を構想・提案することに主眼を置いた教育活動であり，…ESDほど長期的な視野に立って社会的事象を考えておらず，グローバルな視点が相対的に弱く，その他の同様の課題に触れることは稀となっている」と指摘した。地理教育はグローバルな視点から，歴史教育は長期的な視野に立つことが可能であり，公民教育との連携によりESDとしての社会科授業（以降「社会科ESD授業」と表記）に近づくことができる。

2.2. 地理教育と歴史教育と公民教育の連携による社会科 ESD 授業

　現代世界の諸課題は異文化理解と地球的課題から構成される。小学校第 6
学年の「我が国と経済や文化などの面でつながりが深い国の人々の生活の様
子」では，生活文化が多様であることを理解することが求められている。

　中学校社会科地理的分野の「日本の諸地域」では，持続可能な社会の形成
のために地域の環境保全に取り組むこと，「地域の在り方」では，地域の課
題を見いだし，社会の形成に参画する態度を育成することが求められている。
公民的分野の「世界平和と人類の福祉の増大」では，地球環境，資源・エネ
ルギー，貧困などの課題の解決や国際協力を捉え，「よりよい社会を目指し
て」では，持続可能な社会を形成する観点から学習者の主体的な探究が求め
られている。

　高等学校地理歴史科の地理総合と地理探究では，諸地域の生活文化や環境，
資源・エネルギー，人口，食料，居住・都市問題などについて，位置や空間
を意識して問題の現状や要因を捉え，解決に向けた方向性を考察し，公民科
の公共や政治・経済では，環境問題や資源・エネルギー問題，人権，主権，
領土，人種・民族問題，軍縮問題，南北問題などについて，国際平和や国際
協力に関連付けて社会状況を捉え，解決に向けた構想が求められている。

　地理教育や公民教育では，文化摩擦などの異文化理解にかかわる問題，生
態系破壊などの環境にかかわる問題，経済格差などの開発にかかわる問題を
共通して探究する。これらの現代世界の諸課題は，歴史の発展過程において
も直面する場合があり，地理教育と歴史教育と公民教育は，持続可能な社会
の形成を見据え，現代世界の諸課題の探究おける連携が可能である。

　2004年のユネスコ国際実施計画フレームワークでは，ESD の 3 領域と15
重点分野が示された。永田（2017, p.49）は，中学校社会科において，地理
的分野で持続可能な社会の形成の観点から様々な課題を考察，歴史的分野で
グローバル化に対応する観点から世界の歴史の扱いと過去の課題を考察，公
民的分野で社会参画への手掛かりとなる概念を現実の社会的事象と関連付け

第1表　中学校社会科三分野における ESD の重点分野の取り上げ方

分野		社会・文化領域〔人間と人間〕	環境領域〔人間と自然環境〕	経済領域〔人間と社会環境〕
総合		○平和と人間の安全保障	○自然資源（水，エネルギー，農業，生物多様性） ○気候変動	○貧困削減
主に公民	歴史	○統治能力 ○男女平等 ○人権		○企業責任と説明義務 ○市場経済の再考
主に地理		○エイズ予防 ○健康（保健・衛生意識の向上） ○文化の多様性と異文化理解	○農村構造改革 ○持続可能な都市化 ○災害防止と被害軽減	

（UNESCO（2004，pp. 17-20）の3領域と15重点分野を三分野と総合に位置づけて筆者作成）

て考察することについて，ESD の15重点分野と対応させて示した。これを基に，中学校社会科三分野の固有の内容と方法を勘案して，教科内総合により主に地理的分野が核となる単元，主に公民的分野が核となる単元，地理・歴史・公民を総合させた単元をイメージして，改めて3領域を意味づけ，15重点分野を位置づけたものが第1表である。これらの単元は高等学校で必履修科目となった地理総合，歴史総合，公共の授業においても適用できる。

3．ヴィネットを活用した思考・判断による探究

3.1．社会系教科における思考力・判断力・表現力の育成の重視

　2016年の中央教育審議会答申において，「知識・技能」，「思考力・判断力・表現力等」，「学びに向かう力・人間性等」という育成したい資質・能力の三本柱が示された。また，社会系教科における校種や分野・科目の特性を踏まえた「見方・考え方」が整理され，それらの総称である「社会的な見

方・考え方」は，課題を追究したり解決したりする活動において，社会事象等の意味や意義，特色や相互の関連を考察したり，社会に見られる課題を把握して，その解決に向けて構想したりする際の視点や方法と示された。

　第2表は中学校社会科三分野における「社会的な見方・考え方」と視点を示したものである。社会的事象の「地理的な見方・考え方」では，位置や分布，場所，人間と自然環境との相互依存関係，空間的相互依存作用，地域という概念を基に地理的事象として捉え，人間の営みと関連付けるとされている。社会的事象の「歴史的な見方・考え方」では，時期や年代，推移，比較，相互の関係，現在とのつながりの視点を基に歴史的事象を捉え，事象同士や因果関係を関連付けるとされている。「現代社会の見方・考え方」では，対立と合意，効率と公正，分業と交換，希少性，個人の尊重と法の支配，民主主義，協調，持続可能性の概念や理論を基に現代社会にかかわる事象を捉え，

第2表　中学校社会科三分野における社会的な見方・考え方と視点

地理的分野　社会的事象の地理的な見方・考え方と視点
社会的事象を　位置や空間的な広がりに着目して捉え　地域の環境条件や地域間の結び付きなどの地域という枠組みの中で，人間の営みと関連付けて
〈位置や分布，場所，人間と自然環境との相互依存関係，空間的相互依存作用，地域〉
歴史的分野　社会的事象の歴史的な見方・考え方と視点
社会的事象を　時期，推移などに着目して捉え　類似や差異などを明確にしたり　事象同士を因果関係などで関連付けたりして
〔時期や年代，推移，比較，相互の関係，現在とのつながり〕
公民的分野　現代社会の見方・考え方と視点
社会的事象を　政治，法，経済などに関わる多様な視点（概念や理論など）に着目して捉え　よりよい社会の構築に向けて，課題解決のための選択・判断に資する概念や理念などと関連付けて
〔対立と合意，効率と公正，分業と交換，希少性，個人の尊重と法の支配，民主主義，協調，持続可能性〕

（中央教育審議会（2016）と文部科学省（2018）より作成）

課題解決のための選択・判断に向けてそれらを関連付けるとされている。

　2016年の中央教育審議会答申では，社会系教科における課題解決的な学習過程として，課題把握→課題追究→課題解決が示された。また，コンピテンシーベースの学力観から特に「思考力・判断力・表現力等」が重視されるようになった。

　小原（2009, p.9）は，社会科が求める思考力・判断力・表現力について，「知る・わかるだけでなく，その背景を熟考し，自分なりの意見や考えを持ち，それを表現しながら社会への参加・参画を考える力」と定義し，思考力は社会がわかるための問題「なぜ，どうして」を解決していくことができる力，判断力は社会に生きるための問題「どうしたらよいか，どの解決策が望ましいのか」を解決していくことができる力と示した[2]。この思考力と判断力は大枠の課題解決的な学習過程を示しており，「社会的な見方・考え方」と連動している。学習者が思考・判断したことは，それぞれ表現することになる。

　中学校社会科地理的分野では，「地理的な見方・考え方」を働かせ，国土の地域的特色とその背景にある地理的・社会的・歴史的条件に関する課題を発見し，我が国や世界の地理的論争問題について思考・判断し，それを表現することになる。歴史的分野では，「歴史的な見方・考え方」を働かせ，各時代の特色と移り変わりの背景にある因果関係に関する課題を発見し，現代社会の問題の歴史的背景や歴史的論争問題について思考・判断し，それを表現することになる。公民的分野では，「現代社会の見方・考え方」を働かせ，現代社会の諸問題に関する課題を発見し，世界平和と人類の福祉を中心とする論争問題について思考・判断し，それを表現することになる。

　持続可能な社会の形成に向けた価値や態度を育成する社会科 ESD 授業では，持続可能性が脅かされている諸課題を対象とし，持続可能性の概念から「社会的な見方・考え方」を働かせて，問題発見→原因究明・現状分析の思考による社会認識の過程と，思考による参加[3]としての価値判断→意思決定

第3表　社会的な見方・考え方を働かせた ESD としての探究

過程	問いと主に対応する視点	活動	
社会認識	○持続可能性が脅かされているどのような課題がどこにみられるのか　　　　　　　　「位置や分布」「持続可能性」	問題発見	事象
	○課題がなぜみられるのか　　　　　「人間と自然環境との相互依存関係」 ○課題はなぜ解決しないのか　　　　　　「推移」「対立と合意」	原因究明	思考（考察）
	○どのような関係があるのか　　　　　「空間的相互依存作用」 ○どのように変化してきたか　　「推移」「現在とのつながり」 ○どのような影響があるのか　　　　　　　「場所」「比較」 ○どのような協力がみられるのか　　「協調」「分業と交換」	現状分析	
社会参加	○持続可能性から問題解決に向けてこうなるのはよいか 　　　　　　　「地域」「効率と公正」「持続可能性」	価値判断	判断（構想）
	○持続可能性から問題解決に向けてどうしたらよいか 　　　　　　　「地域」「効率と公正」「持続可能性」	意思決定	
	○持続可能性から問題解決に向けてどう変えていくべきか 　　　　　　　「地域」「効率と公正」「持続可能性」	社会形成	

（永田（2019, p. 23）を基に社会的な見方・考え方を踏まえて作成）

→社会形成の判断による社会参加の過程が考えられる（第3表）。この社会認識から社会参加という過程の中で，地理教育や歴史教育や公民教育の概念や理論を踏まえて思考・判断を促す問いを設定し，思考力・判断力・表現力を育成する必要がある。

3.2. ヴィネットを活用した探究

　社会系教科では，持続可能な社会の形成につながる資質・能力の育成のために，世界の大小様々な地域レベルで表出している諸課題の解決に向け，学習者の意識や行動の変革を促すような社会科 ESD 授業の開発が求められている。

　志村（2017, p. 22）は，「ESD 鍵概念を，教科固有性をふまえた上で適切に組み込むことにより，…教科固有の学力と ESD で望まれる資質・態度的

学力が保障される」とした。また，地理教育において，現代世界の諸課題を
体系的・構造的に捉え，多面的・多角的な視点から解決策を考察・構想する
システムアプローチが導入されている。これらの提案は，地理的知識や地理
的概念を基に専門的で特有な方法で考える能力を含む地理ケイパビリティ
(GeoCapabilities)[4]の育成を重視する動きと関連している。地理ケイパビリテ
ィは，持続可能性について専門的で特有な方法で考えることができる力強い
学問的知識 (Powerful Disciplinary Knowledge: PDK) が核となっている。学問
的知識が豊富な専門教師が，「地理的な見方・考え方」を用いて，学習者に
PDK を獲得させ，持続可能性にかかわる現代世界の諸課題の解決に向けて
考える授業を意図的に組織し，学習者に提供することが求められている。

　地理ケイパビリティの考え方は歴史教育や公民教育にも適用できる。持続
可能性の概念や「社会的な見方・考え方」の視点や方法は PDK に含まれる。
PDK は持続可能性に基づいた「社会的な見方・考え方」を働かせた思考・
判断により獲得され，強化される。地理ケイパビリティを育成する授業では
PDK の簡潔な短編事例[5]として，ヴィネット（vignette）と呼ばれる図表や
写真が活用され，問いとセットになっている。

　次節では，第 1 表の総合に位置づけた重点分野について，ヴィネットを活
用して，地理教育と歴史教育と公民教育を総合し，「社会的見方・考え方」
働かせて思考・判断する社会科 ESD 授業を提案する。

4．ヴィネットを活用して思考・判断する社会科 ESD 授業

4.1．環境領域におけるヴィネットを活用した思考・判断

4.1.1．エネルギー問題

　エネルギー資源はその偏在性や有限性から現状のままでは持続的に利用し
ていくことが不可能である。エネルギーの持続可能性を考える場合，エネル
ギー資源の現状と要因を捉え，未来に向けてどのようなエネルギーを使い，
どのように確保していくのかについて思考・判断する必要がある。世界には，

エネルギー自給率の高い国や低い国が存在しており，それぞれの国々・地域のエネルギー資源の埋蔵量やエネルギー政策や地理的諸条件の違いが色濃く反映されている。

　世界のエネルギー自給率とその内訳を示したヴィネットが第1図である。地域性や経済の発展段階やエネルギー自給率と内訳を考慮して17か国をピックアップしている。図の背景は青森県の六ヶ所再生処理工場付近で，エネルギー自給率と未来の電源開発に対する思考・判断を促すことを意図している。

　ヴィネットから自給率が高い国は化石燃料等に依存していることや日本のエネルギー自給率は極端に低いこと，再生可能エネルギーや原子力の割合が高い国が読み取れる。エネルギー資源の偏在性とともに，世界全体では化石燃料等が枯渇する場合，日本ではエネルギー資源を輸入できない場合にエネルギーの利用が持続不可能となることが PDK として獲得できる。

　社会認識にかかわる思考の問いとして，「なぜ世界のエネルギー自給率は異なるのか」を設定する。化石燃料の分布，水の賦存量，気候環境・地形環

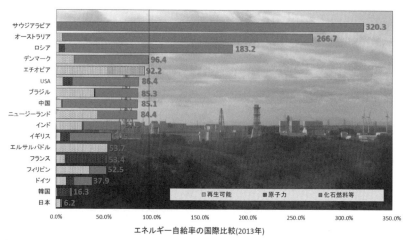

エネルギー自給率の国際比較(2013年)

（UN Statistics Division 2013 Energy Balances（2016）のデータを基に作成，永田ほか（2017, p.103）より再掲）

第1図　世界の主な国のエネルギー自給にかかわるヴィネット

境や人口，生活様式，貿易という主に「地理的な見方・考え方」，経済状況，エネルギー政策という主に「現代社会の見方・考え方」の PDK が必要となる。また，「歴史的な見方・考え方」から変化の視点も必要である。社会参加にかかわる判断の問いとして，「日本の持続可能なエネルギー政策を考える」を設定する。日本のエネルギー自給率を高めるための方策を，日本が化石燃料等のエネルギーが乏しいことや日本特有の自然環境や日本と諸外国とのグローバルな相互依存関係などを踏まえて判断することで PDK が強化される。

4.1.2.　水資源問題

　水資源は地球上で循環している。今後，世界の人口が増加し，生活が豊かになると，農業用水や工業用水や生活用水の使用がさらに増え，水資源を持続的に利用していくことが不可能となる。地球上で限りある水資源をいかに持続的に利用していくかについて，思考・判断する必要がある。世界の中で，水資源を大量に使用している国々においてはその用途が異なっている。それぞれの国の水賦存量や水資源へのアクセスや人口や経済発展を背景とした産業構造の違いが色濃く反映されている。

　世界の水使用量の上位10か国に，乾燥大陸という特徴から水資源を大切に使用しているオーストラリアを加え，水使用量とその内訳を示したヴィネットが第 2 図である。図の背景はオーストラリアの灌漑農業による稲作の様子であり，水が貴重な資源であることを意識して思考・判断を促すことを意図している。

　ヴィネットから，水使用量の大半は農業用水であり，アジア諸国の水使用量が多いこと，先進国では工業用水や生活用水の割合が高いことなどが読み取れる。

　人口が多い国や主要産業が農業である国で水使用が多く，アジアの降水量と集約的稲作農業との関連や，世界全体の人口増加，経済発展により水の利

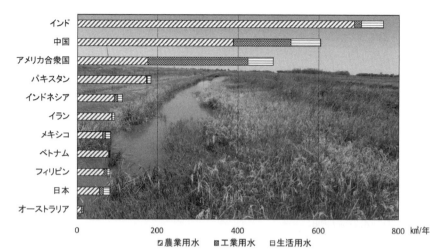

注：インドとアメリカ合衆国は2010年，中国・メキシコ・オーストラリアは2012年，パキスタンは
　　2008年，インドネシアは2000年，イランは2004年，ベトナムは2005年，フィリピンと日本は
　　2009年。

(FAOSTAT のデータを基に筆者作成，佐々木ほか（2018，p. 74）より再掲)

第2図　世界の主な国の水使用にかかわるヴィネット

用が持続不可能となることが PDK として獲得できる。

　社会認識にかかわる思考の問いとして，「なぜ世界の水使用量は異なるのか」を設定する。各国の人口や水賦存量という主に「地理的な見方・考え方」，経済状況，産業政策という主に「現代社会の見方・考え方」の PDK が必要となる。また，「歴史的な見方・考え方」から変化の視点も必要である。社会参加にかかわる思考の問いとして，「水問題解決のために各国や世界でどのような取り組みが必要だろうか」を設定する。世界全体では，水の分配や水資源へのアクセスへの先進国の技術協力，農産物に付随するバーチャルウォーターの輸出入も視野に入れて判断することで PDK が強化される。例えば，最大の水使用国であるインドでは，人口増加の対策や農業用水を効率よく利用する持続可能な農業のあり方とともに，今後，需要が高くなると考えられる工業用水と生活用水の節約のあり方について判断する必要がある。

4.2. 社会・文化と経済領域におけるヴィネットを活用した思考・判断

4.2.1. 社会・文化領域の捕鯨問題

　文化には目に見える衣食住などの表層文化と価値観などの目に見えない深層文化がある。価値観に規定された行動様式が異なることで世界規模の文化摩擦が生じれば世界平和を損なう原因となる。異文化理解を踏まえた平和と人間の安全保障の事例として捕鯨問題を取り上げる。世界平和の持続可能性を考える場合，対立の現状や要因とその変化を踏まえ，未来に向けてどのような政策が必要であるのかを思考・判断する必要がある。

　国際捕鯨委員会（International Whaling Commission：IWC）加盟国の捕鯨に対する考え方の変化を示したヴィネットが第3図である。図の背景は和歌山県太地町にあるくじらの博物館で掲示されているくじらの模型で，捕鯨の歴史や捕鯨の対立の現状から世界平和に向けた思考・判断を促すことを意図している。

　ヴィネットから IWC が設立された1948年はすべて捕鯨国であったが，加盟国が増えるにつれて反捕鯨国が多くなり，世界規模で捕鯨の対立が続いていることが読み取れる。IWC は捕鯨を前提とした鯨の資源管理から捕鯨国と反捕鯨国との対立の調整へとその役割が変化したこと，IWC が認めている調査捕鯨や沿岸小型捕鯨に対して反捕鯨国の武力行使が実行されており，捕鯨の対立が続けば世界平和が持続不可能となることが PDK として獲得できる。

　社会認識にかかわる思考の問いとして，「なぜ世界で捕鯨対立が続いているのか」を設定する。日本を中心とする捕鯨国[6]と欧米を中心とする反捕鯨国の分布や鯨食文化の有無という主に「地理的な見方・考え方」，捕鯨国と反捕鯨国の変化，鯨の代替となる工芸製品の開発，世界的な生物保護の動きという主に「歴史的な見方・考え方」，食料政策や国際関係という主に「現代社会の見方・考え方」の PDK が必要となる。社会参加にかかわる問いとして，「IWC 案をどのように代えていくべきか」で多文化共生の価値観を踏

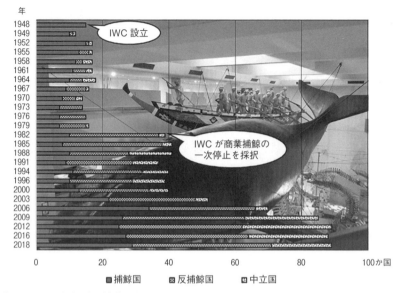

注：IWC での欠席・投票棄権国を中立国としている。

（水産庁の資料を基に筆者作成）

第3図　IWC 加盟国の捕鯨に対する考え方にかかわるヴィネット

まえて捕鯨対立を平和的に収束させる判断を行うことで PDK が強化される。

4.2.2.　経済領域の食料問題

　貧困問題は直接的な指標である1人当たり GDP ばかりでなく，経済格差による食料供給からも捉えることができる。発展途上国を中心に飢餓状態にある人々が存在している。世界人口の約9分の1を占めており，世界で解決が求められている喫緊の課題である。貧困削減の事例として世界における食料問題を取り上げる。世界の食料供給の持続可能性を考える場合，食料供給の現状や要因とその変化を踏まえ，未来に向けてどのような政策が必要であるのかを思考・判断する必要がある。

　世界の食料供給とその変化を示したヴィネットが第4図である。カロリー

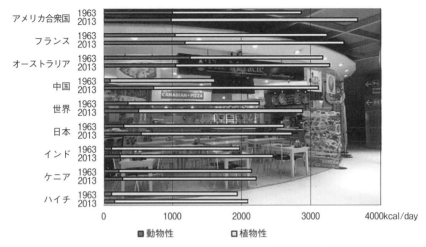

（FAOSTAT の資料を基に筆者作成）

第 4 図　世界の食料供給とその変化にかかわるヴィネット

供給量の50年間の変化について，先進国と発展途上国の典型国をピックアップしている。図の背景は国際空港の多国籍レストランで，世界の様々な料理を提供していることから未来の食料供給への思考・判断を促すことを意図している。

　ヴィネットから先進国である欧米諸国のカロリー供給量が多く，発展途上国に比べて動物性の割合が高いこと，中国のように経済発展により供給量が多くなることが読み取れる。発展途上国を中心に十分な食料供給がなされなければ，世界中の人々が健康で安全な生活が持続不可能となることが PDK として獲得できる。

　社会認識にかかわる思考の問いとして，「なぜ先進国と発展途上国のカロリー供給量が異なるのか」から，人口や農業生産や貿易という主に「地理的な見方・考え方」，人口変化や経済発展や技術革新という主に「歴史的な見方・考え方」，経済状況や産業政策や紛争という主に「現代社会の見方・考え方」という PDK が必要となる。日本に着目すれば，他の先進国との食文

化の違いにより食料供給量が少ないこと，世界全体に着目すれば，経済格差と公平な分配がなされていないために食料供給量が低いままの発展途上国が存在することがわかる。社会参加にかかわる判断の問いとして，「世界に食料の公平な分配がなされるためにはどうすればよいか」から先進国の食料廃棄削減の取り組みや発展途上国の産業政策転換や先進国からの技術援助など，現在，世界で行われている政策に対する改善策を判断することで PDK が強化される。

5．社会科 ESD 授業におけるヴィネットの活用の意義と課題

　ESD の15重点分野で地理教育と歴史教育と公民教育の連携による総合的な探究が特に求められる重点分野のヴィネットを開発し，その読み取りによる社会的事象の確認や，地理と歴史と公民の「社会的見方・考え方」を働かせて社会認識にかかわる思考の問いと社会参加にかかわる判断の問いを系統的に組織することで PDK を強化していく社会科 ESD 授業を提案した。

　第5図は第1図のヴィネットを主題図として表現したものである。エネルギー自給率や主となるエネルギーが異なる国々の位置や，世界のエネルギー自給についての地域性がよくわかる。しかし，第5図は「地理的な見方・考え方」からの空間的関係はイメージしやすいが，各国の自給率の違いやエネルギー資源の内訳から何が問題か，他に必要な資料は何があるかなどの想像を働かせにくい。第1図のヴィネットは，読み取りからその背景にある要因や関係や解決策をイメージしやすく，「社会的な見方・考え方」から思考・判断を促し，PDK とつながりやすい。換言すれば，ヴィネットを活用することで，地理教育と歴史教育と公民教育が連携した社会科 ESD 授業が成立しやすくなる。

　ESD 授業では，現代世界の諸課題の現状や要因や解決策を捉えるのではなく，持続可能な社会の形成に向けて思考・判断による探究がなされる必要がある。今後，学習者の PDK が強化され，行動の変革を促すようなヴィネ

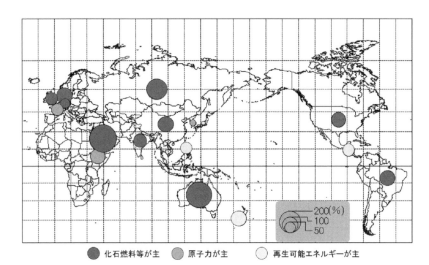

（UN Statistics Division 2013 Energy Balances（2016）のデータを基に作成，永田（2020，p. 186）より再掲）

第5図　世界の主な国のエネルギー自給にかかわる主題図

ットの開発と問いの設定ができる専門的な知識や技能を持つ教員の養成が求められる。

注

1 ）1989年に高等学校社会科が解体され，2009年の学習指導要領まで地理歴史科は国際的資質の育成，公民科は公民としての資質の育成と役割分担が示されていた。

2 ）この思考力と判断力の考え方は，2016年の中央教育審議会答申において，「社会的な見方・考え方」を用いて，思考力は社会的事象等の意味や意義，特色や相互の関連を考察する力，判断力は社会に見られる課題を把握し，その解決に向けて構想する力と示されたことと主旨は同じである。

3 ）永田（2013，p. 113）は，社会参加は思考による参加と活動による参加から構成されるとし，前者を社会的論争問題の解決に向けた価値的判断・実践的判断，後者を学習後の実社会での行動としている。

4 ）地理教員養成を見据えた授業改革運動として欧米を中心に広まりつつあり，地理教育はケイパビリティの考え方の導入に積極的である。

5）授業ではこれを教材として用いて思考・判断させ，PDK はどこに含まれているのか，PDK はどのように発達するのかが重視される。

6）日本は2019年に IWC を脱退し，調査捕鯨をやめ，日本近海で商業捕鯨を開始した。

文献

唐木清志（2017）：公民教育と ESD．井田仁康編『教科教育における ESD の実践と課題－地理・歴史・公民・社会科－』，古今書院，pp. 184-197.

小原友行（2009）：社会科でこそ育成する「思考力・判断力・表現力」．小原友行編『「思考力・判断力・表現力」をつける社会科授業デザイン 中学校編』，明治図書，pp. 7-13.

佐々木緑・堤純・磯野巧・永田成文（2018）：オーストラリアにおける米産業の動向．地理空間，11(1)，pp. 63-77.

志村喬（2017）：教科教育としての ESD 授業開発の手法－社会科授業を事例に－．井田仁康編『教科教育における ESD の実践と課題－地理・歴史・公民・社会科－』，古今書院，pp. 10-25.

中央教育審議会（2016）：『幼稚園，小学校，中学校，高等学校及び特別支援学校の学習指導要領等の改善及び必要な方策等について（答申）』，611p.

永田成文（2013）：『市民性を育成する地理授業の開発－「社会的論争問題学習」を視点として－』風間書房，340p.

永田成文（2016）：社会科における社会参加を踏まえた公民的資質の育成－持続可能な社会の構築を視野に入れて－．唐木清志編『公民的資質とは何か－社会科の過去・現在・未来を探る－』，東洋館出版社，pp. 116-125.

永田成文（2017）：カリキュラム・マネジメント－中学校でこう取り組む：持続可能な社会の形成を見据えた社会的論争問題の設定．『社会科教育』編集部編『平成29年版 学習指導要領改訂のポイント 小学校・中学校 社会』，明治図書，pp. 46-49.

永田成文（2019）：「地理総合」－ポイントはここだ：現代世界の諸課題の解決に向けて考察・構想する地理 ESD 授業．原田智仁編『平成30年版学習指導要領改訂のポイント 高等学校 地理歴史・公民』，明治図書，pp. 22-25.

永田成文（2020）：地理総合必履修化に伴う今後の地理教育．地理空間，12(3)，pp. 179-191.

永田成文・金玹辰・泉貴久・福井朋美・藤澤誉文（2017）：エネルギーをテーマとし

た地理 ESD 授業. 地理, 62(9), pp. 100-105.

中山修一（2011）：新学習指導要領に入った ESD－「持続可能な社会」の学習－. 中
　山修一・和田文雄・湯浅清治編『持続可能な社会と地理教育実践』, 古今書院,
　pp. 1-9.

文部科学省（2008）：『小学校学習指導要領解説社会編』, 東洋館出版社, 139p.

文部科学省（2018）：『中学校学習指導要領（平成29年告示）解説社会編』, 東洋館出
　版社, 237p.

UNESCO（2004）. *United Nations Decade of Education for Sustainable Development
　(2005-2014): Draft International Implementation Scheme.*

第7章
見方・考え方を働かす力強い（Powerful）授業づくりを目指して
金 玹辰*

Chapter 7
Creating powerful lessons using subject-specific perspectives and ideas
Hyunjin KIM*

ABSTRACT

The current revision of the National Curriculum in Japan emphasize that every subject has its own perspectives and ideas that students can use to develop their competencies. In this paper, I explore powerful disciplinary knowledge (PDK) — one of the core ideas of the GeoCapabilities project—though a small-scale survey asking social studies student teachers to explain the perspectives and ideas related to their subject. The subject-specific perspectives and ideas that teachers use in the classroom can help students to develop their PDK. PDK is a useful idea that describes how knowledge is applied in different school subjects. However, PDK written in curriculum does not easily become students' PDK taught in classroom. Powerful pedagogy also requires powerful lessons. Therefore, I introduce a model of "geographical inquiry-based learning" that combines PDK and powerful pedagogy through teachers' role as curriculum makers. When planning their lessons, teachers should first choose which PDK ideas they will feature, and then pose questions based on it. By engaging with these questions in the classroom, students can acquire hidden PDK. I hope that geographical inquiry-based learning will become a means to develop students' capabilities beyond competencies.

*北海道教育大学　Hokkaido University of Education

1．はじめに－見方・考え方を働かす授業づくりに必要なものは

　平成30・31（2017・18）年改訂の学習指導要領における各教科等の目標は，全ての教科等で「～見方・考え方を働かせ」という文言から始まる（特別の教科道徳を除く）。ここでの各教科等の見方・考え方とは，「どのような視点で物事を捉え，どのような考え方で思考していくのか」というその教科ならではの物事を捉える視点や考え方を意味する。例えば，「社会的な見方・考え方」は，社会科での物事を捉える視点や考え方になる。

　本章では，社会科の中でも主に地理的分野を事例に，教科特有の視点や考え方はどのようなものであり，いかに教科の見方・考え方を働かす授業をつくることができるのかを明らかにする。まず，教員養成という観点から中学校社会科教師を目指す大学生の見方・考え方を調査し，分析する。次に，教科の本質としての見方・考え方とカリキュラム内容としての知識との関係について理論的に考察する。その際，大学生の見方・考え方の調査結果について振り返る。最後に，カリキュラム・メイキングという観点から，カリキュラム内容としての「力強い知識（Powerful Knowledge）」とそれを活かすための「力強い教授法（Powerful Pedagogy）」としての探究に基づく学習を結び付けた授業づくりのモデルを提案する。

2．中学校社会科教師を目指す大学生の見方・考え方

　まず，中学校社会科教師を目指している大学生が，授業づくりのための教材研究においてどのような見方・考え方を働かせているのかを明らかにする。これに関しては既に志村による調査がある。具体的には，中学校の社会科教員免許取得を目指している大学生（16名）に対して，ジオケイパビリティープロジェクトで開発されたビネットの「二酸化炭素の排出量（2011年）の国家別順位」グラフを示し，教材として使いたい中学校社会科の分野及び選んだ理由を質問したものである（志村ほか，2017，pp. 98-99）。同じ質問を用い

て，筆者が担当した「中学校社会科教育法Ⅰ」の受講生52人（当時3年生，社会科専攻39名，他専攻13名）を対象とし，調査を行なった（2017年10月）。選択分野の結果は，志村の報告（地理7名，公民7名，歴史2名）と，ある程度類似する。具体的には，地理を選んだ学生が24名（社会科専攻17名，他専攻7名）で一番多く，次に公民が22名（社会科専攻16名，他専攻6名）であった。歴史は5名で一番少なかったが，全員社会科専攻の学生であった。なお，地理と公民の両方を選んだ学生も一人いた。

　選んだ理由に対しては，テキストマイニングによるKH Coder3を活用し分析を行なった。まず，文章の単純集計を見ると，78の文，53の段落（一人の答えを一段落，ただし，地理と公民の両方を選んだ学生だけは二つの段落），総抽出語数は1811（746使用），異なり語数は377（267使用）という結果であった。次に，文章を単語レベルに分解し，各単語の出現頻度を算出した。出現頻度の多い単語（動詞は除く）として，4回以上の文で現れ，同時に3つの段落以

第1表　出現頻度の多い単語のリスト

抽出語	文	段落	抽出語	文	段落	抽出語	文	段落
CO_2	32	30	問題	10	8	中国	6	4
排出量	20	16	地理	9	7	人口	5	5
国	17	15	関係	9	6	地球	5	4
世界	14	11	京都議定書	8	8	地図	5	4
各国	13	13				面積	5	4
排出	12	11	経済	8	7	教材	4	4
多い	12	10	環境	7	7	現代	4	4
地理的	11	11	図	7	7	話	4	4
産業	11	10	工業	6	6	地域	4	4
環境問題	10	9	条約	6	6	成長	4	3
			発展	6	6	学習	4	3

（KH Coder3の分析結果を基に筆者作成）

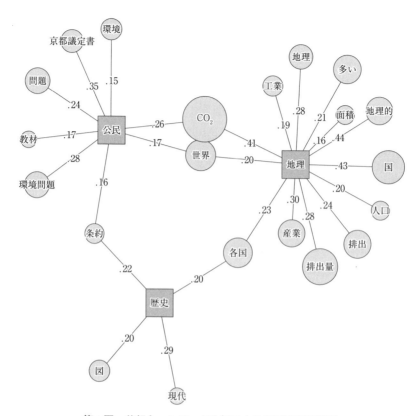

第1図　共起ネットワーク分析による分野別関連単語

（入力語数31，表示語数21，Jaccard 係数0.15以上）

上で使っている31の単語を示したのが，第1表である。

　共起ネットワークを用いて，第1表の各単語がどの分野の理由を説明する
ために使われたのかを表したものが，第1図である。この図では，各単語の
円（大きさは出現頻度）と各分野の四角形を結ぶ線の Jaccard 係数が高いほど
共起関係が強く，その単語は結ばれている分野の説明によく使われているこ
とを意味する。第1図を見れば分かるように，地理を選んだ理由としては各
国の人口・面積・産業・工業を通して世界や排出量が多い国について学ばせ

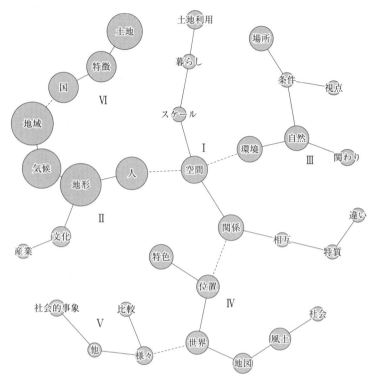

第2図　共起ネットワーク分析による「地理的」意味の説明の使用単語

（入力語数34，表示語数33，Jaccard 係数0.15以上）

たいことを，公民については京都議定書などの条約を用いた世界の環境問題
の教材として扱いたいということを理由として挙げている。これは志村の調
査結果と同様である。さらに今回の調査では，地理と公民はともに世界につ
いて，地理と歴史は各国について扱うことができ，一方で公民と歴史では条
約を共有していることをも第1図から読み取れる。

　ここで最も注目したいのは，地理の選択理由を説明する中で「地理的」と
いう単語がよく使われていることである。ちなみに，「歴史的」や「公民的」
という単語は使われたこともなく，公民の選択理由の中で「経済的」という

単語だけが 1 回使われていた。そこで追加質問として，学生たちに地理的な
見方・考え方において「地理的」というのはどのような意味であるのかを聞
き，KH Coder3 を活用し分析を行なった（文章の単純集計，88の文，52の段落，
総抽出語数1421（580使用），異なり語数274（199使用））。第 2 図は， 3 回以上の
文と段落で現れている単語に対して共起ネットワーク分析を行なった結果で
ある。

　第 2 図を見れば，学生たちが「地理的」の意味を説明するために使う単語
は大きく 6 つに分けられる：（Ⅰ）空間・関係・相互・特質・違い・スケー
ル・暮らし・土地利用，（Ⅱ）地域・気候・地形・文化・産業・人，（Ⅲ）場
所・条件・視点・自然・関わり・環境，（Ⅳ）特色・位置・世界・地図・風
土・社会，（Ⅴ）比較・様々・他・社会的事象，（Ⅵ）国・特徴・土地。この
ような学生たちが持っている「地理的」という意味をどのように評価できる
のかについては，後に述べたい。

3 ．教科の本質としての見方・考え方と知識との関係

3.1. 深い学びの鍵として見方・考え方

　社会科の目標における「社会的な見方・考え方」とは，課題を追究したり
解決したりする活動において，社会的事象等の意味や意義，特色や相互の関
連を考察したり，社会に見られる課題を把握して，その解決に向けて構想し
たりする際の視点や方法である。そして，この社会的な見方・考え方は学習
を通して育成するものと考えられ，小学校では，「社会的事象を，位置や空
間的な広がり，時期や時間の経過，事象や人々の相互関係などに着目して捉
え，比較・分類したり総合したり，地域の人々や国民の生活と関連付けたり
すること」（文部科学省，2017，p. 19）とした上で，中学校では地理的分野の
「社会的事象の地理的な見方・考え方」，歴史的分野の「社会的事象の歴史的
な見方・考え方」，公民的分野の「現代社会の見方・考え方」に発展する。
各分野の見方・考え方を具体的に見れば，地理的な見方・考え方とは「社会

的事象を位置や空間的な広がりに着目して捉え，地域の環境条件や地域間の結び付きなどの地域という枠組みの中で，人間の営みと関連付けて」考えることであり，歴史的な見方・考え方とは「社会的事象を時期，推移などに着目して捉え，類似や差異などを明確にしたり事象同士を因果関係などで関連付けたりして」考えることであり，現代社会の見方・考え方とは「社会的事象を政治，法，経済などに関わる多様な視点（概念や理論など）に着目して捉え，よりよい社会の構築に向けて，課題解決のための選択・判断に資する概念や理論などと関連付けて」考えることである（文部科学省，2017，p. 19）。

　小学校社会科のように総合化される場合と，中学校社会科のように学問領域における専門分野がより反映される場合とは，それぞれ考えられる見方・考え方は異なる。さらに高校の地理歴史科や公民科における見方・考え方では関連する学問を基に考え，より深い見方・考え方を求めるようになる。ここで，前述した中学校社会科教師を目指す学生が持っている「地理的」の意味を振り返ってみたい。6つの結果から，地理学の概念が含まれている地理的な見方・考え方は，（Ⅰ）空間・スケール，（Ⅱ）地域・自然環境・人文環境，（Ⅲ）場所・地人相関関係，（Ⅳ）位置・地図であり，この見方・考え方は中学校で活用できる。一方，（Ⅴ）や（Ⅵ）は「比較・分類したり総合したり，地域の人々や国民の生活と関連付けたりする」（文部科学省，2017，19）方法で，小学校の社会的な見方・考え方に近いものとして判断できる。

　平成30・31（2017・18）年改訂の学習指導要領では「主体的・対話的で深い学び」の実現に向けた授業改善の推進が求められ，その際，深い学びの鍵として見方・考え方を働かせることが重要になる。すなわち，深い学びにおいては，生徒が各教科等を学ぶ本質的な意義の中核をなす見方・考え方を働かせることと同時に，教師も深い学びの授業を行なうために，担当する教科の背景となる学問的知識を活用し，より深い教科の本質的見方・考え方から授業づくりを行なう必要がある。すなわち，教師が持つ教科専門性はより深い教科指導のための鍵となる。

3. 2.「力強い知識（Powerful Knowledge）」と再文脈化（Recontextualization）

　イギリスの教育社会学者，Young（2014）はこれからのカリキュラムにお
いて最も重要なことは「力強い知識」であると主張する。「力強い知識」は
「学校はどの教科を提供し，異なる年齢の生徒にどのような機会を提供する
のか」「学校は一般的テーマが重要だと思うのか。重要だとすれば，これは
カリキュラムまたはその一部を一般的テーマに基づいて構成できることを意
味するのか」「それとも，カリキュラムは様々な専門教科の責任であるべき
であるのか」などの質問に対する決定の際に活用できる（Young, 2014, p. 79）。
Young は次の3つの基準で「力強い知識」を説明する：「私たちの日常経験
を通して獲得する‘常識的（Common sense）’知識とは区別される」「体系的
である。私たちが教科または学問として定義したグループにおいて，その諸
概念は互いに体系的に関わっている」「専門化されている」（Young, 2014,
pp. 74-75）。

　Young の「力強い知識」は，彼の師匠であった Basil Bernstein によるフ
ランスの社会学者，Emile Durkheim の知識論に対する教育社会学的解釈か
ら影響を受けたものである（Young, 2008, p. 44）。Bernstein は，すべての社会
は聖なる（scared）ものと世俗的な（profane）ものに区別されるとする
Durkheim の理論を用いて，教育における聖なる知識は理論，世俗的な知識
は常識に読み替える。世俗的な知識は水平的（horizontal）言説の形態である
反面，聖なる知識は垂直的（vertical）言説の形態である。水平的言説におい
て，意味と特定の物質的基盤との間には直接的な関係があり，どの知識が選
択され適用されるのかという原理はローカル文脈と関連する。そのため，水
平的言説は特定の文脈と結びつき，その文脈内だけに意味をもつ。それに比
べ，垂直的言説は意味の生成のために体系的に命じる原則を要求し，その知
識は文脈に依存しない（Firth, 2018, p. 281）。特定の文脈だけ通用できるもの
を Young（2014, p. 74）は常識的知識と呼ぶ。例えば，X市に住んでいるなら，
その都市に対する多くの地元的知識は得られるが，その知識はY市や一般的

都市に対して適用しにくい。このような常識的知識は，年を重ねることで経験を通して身に付けることができるので，わざわざ学校で教える必要はない。Young にとって，学校で教えるべきものは特定の文脈を超えて考えることができる「力強い知識」である。

　さらに Bernstein は，垂直性（Verticality）と文法性（Grammaticality）により知識の構造を説明する（Young, 2008, p. 209）。階層的（hierarchical）知識の構造では，下位の知識を統合することでより一般的な知識へ進む。それに比べ，水平的（horizontal）知識の構造は，並列で複数の異なる比較不可能な知識で構成され，各知識間の統合は起こらない。統合によって垂直性を持つ階層的知識の構造とは異なり，水平的知識の構造では，他の知識の導入により垂直性が生じる。また，水平的知識の構造は「強い文法」と「弱い文法」に区別できる。文法の強さは経験的諸現象や諸関係をどれだけ厳しく限定するかに関わる。文法の弱い知識の構造では，既存の知識がもつ経験的記述力が弱まったり，新たな知識の導入が促されたりする（本田, 2012, p. 284）。この文法の強さによって，Young が提案した体系的で専門化されている「力強い知識」の性格を説明することができる。前述した学生の調査を振り返ってみると，「地理的」・「経済的」という表現は，強い文法を持つ地理学や経済学からの「見方・考え方」を背景としている。一方，教科としての歴史（主に日本史と世界史に区分される）や公民は強い文法を持つ学問との結びが弱いので，特定の「歴史的」・「公民的」見方・考え方は考えにくくなる。

　学校教育における「力強い知識」の意味を説明する際，Young（2014, p. 76）は再文脈化（Recontextualization）の概念を触れている。この再文脈化も Bernstein の理論から来たものである。Bernstein によれば，教育は知識と関連した3つの領域，生産・再文脈化・再生産という領域に関わる。生産領域は新しい知識が構築されるところであり，再文脈化領域は生産領域からの言説が選択され，割り当てられ，そして「教育的」知識になるように変換されるところである（Firth, 2018, p. 278）。例えば，学問としての地理学と教

科としての地理の間には，それぞれの再生産に関する性格の違いがあり，両者を明確に切り分ける断層がある（本田，2012，p. 284）。

　再文脈化領域では，国家によってつくり出され支配されている「官制的再文脈化領域（ORF）」と，学校や大学の教育者，教育学部，専門のメディア，民間の研究機関等から成る「教育的再文脈化領域（PRF）」，2つの下部領域がある。Bernstein によれば，実践現場である教室は再生産領域であり，そこに存在する教師は再文脈化の過程には参与しない存在である。これに対して Firth（2018, p. 280）は，教師を'再文脈化する媒体'として見なして，学校カリキュラムの設計，教科指導，出版された教材や資料の利用と開発，授業における教授の組織化，学習と評価の整理と順序付けなどを通して教師も再文脈化を行なっていると指摘する。教師が再文脈化領域に含まれるべきかについては議論の余地があるものの，教師は再文脈化領域のレベルで生み出された教育内容・方法をただ再生産するだけではなく，教育実践を通じて教育内容・方法を検証したり欠陥が発見したりすることで，それらを組み換えることが可能である（本田，2012，p. 283）。

4．力強い授業づくり：再文脈化領域と再生産領域の間

4.1．カリキュラム・メイキング（Curriculum making）

　カリキュラム・メイキングは2000年代以降イギリスの地理教育において普及された新しい考え方である（Biddulph, 2018, p. 160）。1970・80年代ではカリキュラム計画（planning）やカリキュラム開発（development）という考え方があったものの，1990年代のナショナル・カリキュラムの制定により，教師の役割は与えられたカリキュラムを手に取り（taking），生徒に伝えることに比重が置かれた。しかし，2007年改訂版ナショナル・カリキュラム地理では7つのキー概念が記載され，適切であると思われる方法でそれらの概念を解釈するためにかなり多くの専門的な自主性が教師に与えられた。再び教師は，生徒の意見や経験，そして教師自身の地理的な熱意を考慮に入れながら，自

分のカリキュラムを作成する（making）立場となった（Biddulph, 2018, p. 159）。
Geographical Association（2009, p. 27）は，教師を責任のある自律的な教育専
門家（カリキュラム・メイカー）として定義し，教師の専門的活動をカリキュ
ラム・メイキングと称する。カリキュラム・メイキングは，3つのエネルギ
ー源から引き出される：①教師自身の実践的なスキルと専門知識，②生徒の
興味とニーズ，③教科における力動的に変化し続ける学問的知識の提供。こ
のような考えを，Lambert と Morgan（2010）は3つのエネルギー源がどこ
で相互作用し，互いに依存し合うのかを示した一枚の図で表現している（第
3図）。
　カリキュラム・メイキングについては，日本でも既に志村（2018, pp. 226-
228）が教師教育モデルとして詳しく説明し，その実現可能性としてフィン
ランドの教員養成課程における「教科教授学（subject matter didactics）」を取
り上げて高く評価している。この教科教授学はフィンランドだけではなく，
スカンディナヴィア諸国やドイツ語圏に広く伝われる伝統的な考え方である。
スウェーデンの Bladh（2020）も，英語圏のカリキュラム研究の伝統から生
まれたジオ・ケイパビリティー論についてドイツの教員養成課程のほぼすべ

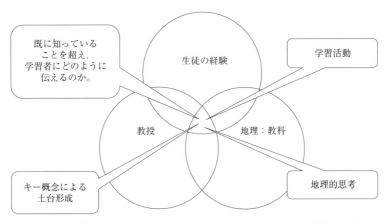

第3図　カリキュラム・メイキング（Lambert and Morgan 2010, p. 50）

ての学生に紹介されている Klafki の教授学的分析（Didaktical analysis）[1]を用いて論じている。前述した Bernstein の概念を借りると，カリキュラム研究は主に再文脈化領域に，教授学（Didaktik）研究は再生産領域に焦点を当ててきた。しかし，1990年代以降英語圏のカリキュラム研究では教授学研究に注目が集まる。教授学研究の伝統のなかで見出された教師の自律性や創造性，専門性が紹介されることで，これまでのカリキュラム研究では軽視されてきた教師の実践に目を向けるようになる（市川，2020）。このような近年の研究動向から，カリキュラム・メイキングは再文脈化と再生産，両領域を視野に入れて考えるべきである。

4.2.「力強い教授法（Powerful Pedagogy）」として探究に基づく学習

　2013年5月，UCL・IOE において「力強い知識」を学校地理へ適用するためのセミナーが開催され，Young の講演とそれに対するコメンテーターとしての Margaret Roberts の議論があった[2]。そもそも，Young と Roberts の関心は異なる。Young はどのような知識がカリキュラムに含まれるのかに関心があるものの，そのカリキュラムをどのように教えるのかについてはあまり触れない。一方，Roberts はカリキュラムの知識と実際に教えられた知識とは異なることを指摘し，「力強い知識」を教えるためには「力強い教授法（Powerful Pedagogy）」も必要であると主張する。彼女は，生徒が地理的に思考することを可能にし，世界を批判的に理解できるようにすることを地理教育の目標とする（Roberts, 2017, p.8）。そのため，生徒が教えられている知識をただ理解することではなく，その知識における固有の政治的・倫理的課題をも理解できるようにすることが必要になり，その方法を「力強い教授法」と呼ぶ（Bustin, 2019, p.61）。

　この論争の後，Roberts（2014, 2017）は社会科学者である Young の「力強い知識」に対して，地理教育者として力強い地理教育はどのようなものであるのがについて論じてきた。Young と異なり，彼女は日常的（everyday）知

識をも重視する。彼女にとって，地理における力強い知識は実際の世界を理解することができる知識であり，そこには学校で教えられる知識を日常的知識と結びづける必要がある。学問的知識を生徒へ伝えることは簡単ではない。生徒が地理的知識を得るためには，何より地理的に考えることができるようにすることが大切である。そして，それを可能にする「力強い教授法」として「探究に基づく学習」を提案する。

　そこで，カリキュラム・メイキングと探究に基づく学習を関連付け，筆者が考える見方・考え方を働かす授業づくりのモデルを提示したい（第4図）。第4図における3つの円は，カリキュラム・メイキングにおける教科・教師・生徒という3つのエネルギー源を表す。ただ，第3図のカリキュラム・メイキングとは異なり，各円は重なっておらず，同じベルトの上で結ばれている。まず，ａ．教科はYoungの「力強い知識」，すなわち学問的知識（概念）で構成される必要がある。次に，学問的知識を教えるために，ｂ．教師は学問的知識に基づく問いを設定する必要がある。この問いの設定は学校カ

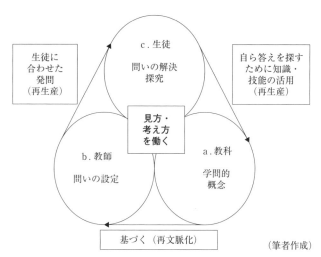

第4図　カリキュラム・メイキングを踏まえた探究に基づく学習

リキュラム開発など，再文脈化領域で行うべきである。そして設定された問いは実践の場面，すなわち再生産領域において，生徒に合わせた発問に換えることも必要である。その際，生徒が問いを自分のものとして考えることができるように学問的知識と日常的知識を関連づけることも大切である。そうすることで，c．生徒は自ら答えを探すために知識・技能を活用することができる。

　どのような学問的知識が選択され（a），その知識を教師がいかに問いに転換し（b），さらに，問いに対して生徒がいかに向き合うのか（c）という各場面においては，その教科の本質である見方・考え方を働かせる必要がある。特に，教師の問いの設定における見方・考え方の働きは教科と生徒を結ぶ力強い授業の土台となる。

4.3.「力強い地理的知識」としての問いと発問

　あるインタビューにおいてLambertは都市に関する「力強い地理的知識」としての問いを次のように挙げている：どのような条件で都市は成長するのか（衰退するのか），どのように都市は組織されているのか，都市は規制・計画・統制できるのか，理想の都市はどのようなものであるのか，'持続可能な都市'はどのようなものであるのかである（Stoltman, J. et al., 2015, p.3）。しかしこれらの問いに対して，SlaterとGraves（2016）はその答えに必要な知識は'地理的'だけではないと指摘する。例えば，どのように都市は組織されているのかという問いは都市内部構造理論に関するものであるが，この理論は経済学においても適用されているものである。では，「力強い地理的知識」としての問いはどのようなものであろうか。以下，筆者が考える例を提示する。

　例えば，ロンドンを事例とした都市の授業にて，教師は「それはどこにあるのか」「どのような状態で広がっているのか」という位置・分布の問いを用いて，「ロンドンのCBDはどこであるのか」「ロンドンのどこが住居・商

業・工業地区であるのか」という発問を行なうことができる。これらの問い
の答えはどのように都市は組織されているのかの答えと類似するかもしれな
いが，都市の内部構造がどのように形成されるのかではなく，実際の都市で
形成された内部構造がどこで（位置），どのように（分布）あるのかを考える
ための問いである。また，「どのようなところであるのか」という場所に関
する問いを「昔と比べ，今のドックランズはどんなところであるのか」とい
う発問に換えたり，「一時は世界最大の港であったドックランズはなぜその
機能を失ったのか」という発問で，空間的相互依存関係の概念に関する「他
の場所とどのような関係を持っているのか」「なぜそのような結び付きをし
ているのか」という問いについて考えさせたりすることもできる。これらの
問いと発問は，地理的見方・考え方から，どのような条件で都市は成長する
のか（衰退するのか）をより具体的に学ぶようにする。さらに，人間と自然
環境との相互依存関係という地理的概念から問いを設定することで理想的な
都市や持続可能な都市を考えさせることもできる。例えば，「ロンドンの生
活は，周囲の自然環境からどのような影響を受けているのか」，「ロンドンの
人々はどのように自然環境に働きかけているのか」という発問が考えられる。
「力強い地理的知識」として地理的概念から設定された問いは，事例地域の
ロンドンや一般的都市を学ぶだけで留まらず，他のテーマでも適用できる汎
用性を持つように設定しなければならない。

5．おわりに―ケイパビリティのための実践を目指して

　今回の学習指導要領改訂では「子供たちが未来社会を切り拓ひらくための
資質・能力を一層確実に育成すること」が強調されている。ここでの「能
力」はどのようなものであろうか。まず一つ，人ができる全体的能力として
コンピテンシー（Competency）は，教育を通して社会が期待する能力として
人々に身につけさせることができる。もう一つ，人の潜在能力としてケイパ
ビリティ（Capability）は，人ができる代替的組み合わせであり，人はその中

から選ぶことができる。ケイパビリティのために，教育は人の選択に自由を
与えることが大切である。強要でもなく仕方なくでもなく，自分で自分の能
力を自由に選択するためには力（power）が必要である。まだ再文脈化領域
に留まっている本章の見方・考え方を働かす力強い授業づくりのモデルが再
生産領域の実践を通して，生徒のケイパビリティを引き出すことにどのよう
に役に立つのかを検証することを今後の課題としたい。

注

1）教師の授業準備において，「教育内容（Bildungsinhalte）」を多方面から検討する
　　ことで，そこに内在する「教育内容の本質（Bildungsgehalt）」を理解する作業で
　　ある（市川，2020，p. 20）。Klafki の教授学的分析では以下の5つの問いに沿っ
　　て教育内容を検討する（Bladh, 2020, p. 210）。
　　　Ⅰ．この内容はどのような幅広い意味，一般的な意味，もしくは現実の範例と
　　　　なり，学習者に対して開示するか（範例的意義）。
　　　Ⅱ．問題となっている内容は教室の子どもの心においてどんな重要性を持って
　　　　いるのか（現在の意義）。
　　　Ⅲ．主題が子どもの未来にとって重要である理由は何であるのか（未来の意
　　　　義）。
　　　Ⅳ．内容はどのように構造化されているのか（問い1～3によって具体的な教
　　　　育学的観点で配置されているのか）（内容の構造）。
　　　Ⅴ．特別な場合,現象,状況,そして問題の内容の構造は子どもにとって面白く,
　　　　刺激的で，親しみやすいものになるのか（接近性）。
2）'powerful knowledge': to what extent is this idea applicable to school geography
　　というセミナーの様子は，YouTube で確認できる（2020年12月2日）。
　　・Michael Young　https://www.youtube.com/watch?v=r_S5Denaj-k
　　・Margaret Roberts　https://www.youtube.com/watch?v=DyGwbPmim7o&t=6s

文献

市川和也（2020）：「教授学，カリキュラムに出会う」プロジェクトの到点－アメリカ
　　のカリキュラム研究とドイツ教授学の結節点をめぐって－．京都大学大学院教育
　　学研究科紀要，66，pp. 15-28.

志村喬（2018）：イギリス教育界における「知識への転回」と教員養成―地理教育を
　中心に―．松田慎也監修『社会科教科内容構成学の探求―教科専門からの発信
　―』，風間書房，pp. 212-234.

志村喬・山本隆太・広瀬悠三・金玹辰（2017）：「事象を地図的に見出す力」に気づか
　せる地図のない図表―世界の地理教師たちとつくる新しい地理教材　第7回（最
　終回）―．地理，62(12)，pp. 92-97.

本田伊克（2012）：教育の知識論的・文化階層論的基盤―「教育社会学的教育学改」
　序説―．宮城教育大学紀要，47，pp. 277-294.

文部科学省（2017）：『小学校学習指導要領解説社会編』，日本文教出版，218p.

Biddulph, M. (2018): Curriculum enactment. Jones, M. and Lambert, D. eds. *Debates in Geography Education*. Routledge, pp. 156-170.

Bladh, G. (2020): GeoCapabilities, Didaktical analysis and curriculum thinking ― furthering the dialogue between Didaktik and curriculum ―. *International Research in Geographical and Environmental Education*, 29(3), pp. 206-220.

Bustin, R. (2019): *Geography education's potential and the capability approach: GeoCapabilities and schools*. Palgrave Macmillan, 292p.

Firth, R. (2018): Recontextualising geography as a school subject. Jones, M. and Lambert, D. eds. *Debates in Geography Education*. Routledge, pp. 275-286.

Geographical Association (2009): *A Different View; A Manifesto from the Geographical Association*. Geographical Association, 32p. https://www.geography.org.uk/write/MediaUploads/Support%20and%20 guidance/GA_ADVBookletFULL.pdf（2020年12月2日確認）

Lambert, D. and Morgan, J. (2010): *Teaching Geography 11-18: A Conceptual Approach*, McGraw-Hill, 180p.

Roberts, M. (2014): Powerful knowledge and geographical education. *The Curriculum Journal*, 25(2), pp. 187-209.

Roberts, M. (2017): Geographical education is powerful if…. *Teaching Geography*, 42 (1), pp. 6-9.

Stoltman, J., Lidstone, J., and Kidman, G. (2015): Powerful knowledge in geography: IRGEE editors interview Professor David Lambert, London institute of education, October 2014. *International Research in Geographical and Environmental Education*, 24(1), pp. 1-5.

Slater, F. and Graves, N. (2016): Geography and powerful knowledge, *International*

Research in Geographical and Environmental Education, 25(3), pp. 189-192.

Young, M. (2008): *Bringing Knowledge Back In: From Social Constructivism to Social Realism in the Sociology of Education.* Routledge, 247p.

Young, M. (2014): Powerful knowledge as a curriculum principle. Young, M. and Lambert, D. (with Roberts, C. and Roberts, M.). *Knowledge and the future school: Curriculum and social justice.* Bloomsbury, pp. 65-88.

第Ⅲ部：国際共同編

Part Ⅲ: From Global context

第 8 章

歴史を教える

－イングランドにおける課題と好機，そして議論－*

アリソン・キットソン**

Chapter 8

Teaching history: challenges, opportunities and debates

Alison KITSON**

ABSTRACT

Many history educators in England have been suggesting, for nearly fifty years, that school students should explore history as a form as well as a body of knowledge. They argue that it is not enough simply to learn factual knowledge about the past but instead that young people should be helped to think in disciplinary ways about that past — to think like historians do. This vision of school history is strikingly similar to the theory of Powerful Knowledge (Young and Muller, 2014) despite predating it by many decades. In this chapter, I argue three things. First, that achieving this vision of school history in ways that are accessible and meaningful for young people requires specialist training and support for teachers. Second, that a commitment to helping young people to think in powerful ways about the past also requires consideration of what this kind of thinking is powerful for. Third — and most crucially — that an enquiry-based approach provides the means to bring together history as both a body of factual knowledge and a way of thinking that also creates space for students to think independently and critically. This takes time and therefore often requires some difficult decisions about content selection.

---

*本稿は，2019年10月30日開催の日本地理学会地理教育国際共同研究グループ第 6 回研究例会（上越教育大学）及び2019年11月 2 日開催の日本社会科教育学会国際交流セミナー（東京文京区林野会館）での講演原稿を志村喬がアリソン氏の許可を得て再構成・訳出したものであり，その過程では菅尾英代氏にお世話になった。〔　〕及び注は訳者による追記である。また，注での文献・本稿理解に資する邦文文献を，最後に「訳者補足」として記している。
**UCL（ロンドン大学）教育研究院　UCL Institute of Education

1. はじめに

　本論文は，1970年代以降の学校歴史（school history）〔＝学校における教科としての歴史〕での急進的で永続的なビジョンの出現について概説する。このビジョンとは，歴史を知識の内容本体（body）としてだけではなく，歴史的知識の存在がもたらされる方法としても強調するビジョンである。

　これは，ヤングとムラー（Young and Muller, 2010）が概説した未来の教育の３つのカリキュラムのシナリオ〔未来１型，未来２型，未来３型〕に影響された研究を先取りするもので，彼らがそれを記した以前の「未来３型」カリキュラムの例を提供する。本論文は，この「新しい歴史（new history）」のビジョンが，生徒にとって分かり易く魅力的かつ有意義な方法として十分に達成されるためには，新任教師への（実はより経験豊富な教師へも）専門的養成が必要であるという課題を論じる。さらに，このビジョンを達成するための最も効果的なアプローチは，探究を基礎としたアプローチ（enquiry-based approach）であると主張する。

　最後に，実質的知識（substantive knowledge）の役割と重要性に関する最近の議論を参照し，歴史的知識（historical knowledge）と思考が「力強い（powerful）」[1]（Young, 2008）もので多様な様式であることを，明確に示すために使用できるであろういくつかの暫定的方法を提案する。

2. イングランドの学校における「新しい歴史」とは何だったか？

　　「過去を知ることと，歴史的に考えることとの間には重大な違いがある。」（Slater, 1989）

　20世紀の大半，イングランドの学校歴史が，どのように物語が作られたかに余り注意を払わず，受け入れた物語として教えられてきた，と大きく特徴付けられることは一般的に認められている（Sylvester, 1994）。1968年，メリ

ー・プライス（Mary Price）は「危機にある歴史？」と題した影響力のある
論文を記し，学校の歴史はラテン語と同じようにグラマースクールと私立学
校にだけに存立するニッチな（隙間的な）教科になるであろうと示唆した。
このような警告は，様々な教科におけるスクールズ・カウンシルズの革新的
カリキュラム開発へ1970年代に提供された政府資金と相まって，イングラン
ドにおける「新しい歴史」運動（the 'new history' movement）の出現につなが
った。この「新しい歴史」運動は，知識の内容本体（body）と知識の形式
（form）の双方として歴史を強調し，2次概念（Counsell, 2011）や探究を基礎
とした方法（e.g. Riley, 2000）などのカリキュラム的仕掛けを通して，両知識
を生徒へ明示する方法を発見した。これらは，「教授の場に認識論的伝統
（an epistemic tradition to a pedagogic site）」（Counsell, 2011, p. 202）をもたらし，
そうしたことは，生徒が専門知識を学ぶだけではなく，それらをどのように
知るのかを理解するというヤングとムラーが言う「未来3型カリキュラム」
（Young and Muller, 2010）を先取りしていた。メタ歴史的な次元（a metahistor-
ical dimension）がなければ―「学問（discipline）の方法論と語彙を用いた体
系的な指導」がなければ―学校の歴史は「過去を（分析するのではなく），賞
賛あるいは嘲笑する感傷的な出来事」（Sheehan, 2013, p. 70）になりかねない。

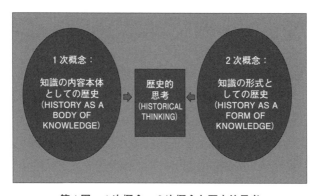

第1図　1次概念・2次概念と歴史的思考

このような歴史と過去についての考え方—分析的・批判的であり，作られた知識であるという暫定性への気づき—は，「歴史的思考（historical thinking）」として知られるようになったのである。

　そして，1970年代の「学校歴史プロジェクト（Schools History Project：SHP）」の成果から生まれたのが，２つのレベルの概念で構成される歴史の構想である（第1図）。それは，実質的知識（革命，帝国，君主制など）のレベルで働く１次概念（first order concepts）と，「知る形式としての歴史（history as a form of knowing）」（Chapman, 2016, p. 227）に焦点を当て，変化，因果関係，証拠，共感といった概念を含む２次（second order）〔概念〕あるいは構造的知識（structural knowledge）からなっている。これら２次概念は，過去を民族伝承や伝統遺産の産業（the heritage industry）あるいは単一の物語に制限するものではなく，過去について「歴史的に考える」方法を，まとめて提供する。１次概念と２次概念は，どちらかがより重要であるということはない。意味が相互に依存しているためどちらも優先することはなく，共生的な関係であるとみなされる。チャップマン（Chapman, 2016）は，次のように説明している。

　　「２次」とは，「２次的（副次的）」ということではない。つまり，「１次」の事実的知識を単に補足しているという意味ではない。それは，メタ歴史的な知識・理解（metahistorical knowledge and understanding）—歴史的な知識・理解についての知識・理解として—，より深く理解される。２次での知識・理解とは，分離あるいは集められた「事実」のレベルを超えた歴史の実質的知識を発達させるための基盤になる。それは，実質的知識を形成する（to form）こと（知識の構築を助けるということ）と，実質的な知識の形式（knowledge form）を提供すること（実質的知識を組織し構造化することを助けるということ）の双方に役立つものである（p. 228）。

3．学校における歴史とアカデミックな歴史との関係

　知識の生産者としてアカデミックな歴史学者は，学校では解体されている
（deconstructed）歴史の「認識論的ルール」を，2次概念を通して用いている。
それら概念は歴史家（historians）にとっては異質なものではなく，研究で活
用しているものである。実際，オーストラリアでのイエーツ（Yates）らの研
究は，証拠（evidence）を用いて批判的な判断にいたることなどの例を挙げ
て，歴史特有の性質（its distinctive quality）をもたらす観念（notion）を，大
学の歴史学者と学校の歴史教師（school history teachers）が共有していること
を示している（2017）。しかし，それら分離した概念の種類について歴史家
が考えてみたり，変化を分析する際にそれをより効果的に使う意味を発言し
たりするようなことはほとんどない。それは，歴史知識を生成する手段とし
て2次概念を使うためそのようなことをする必要がないからで，2次概念は
集合的に述べられているだけである。したがって，2次概念はカリキュラム
の道具・装置（device）として学校において存在しているのであり，「ディシ
プリンの構造を定義するためのカリキュラム用語において最も有効な道具・
装置」と実際されている（Counsell, 2011, p. 217）。それらは，歴史が学校で再
文脈化される主要な手段の1つであるが，それ自体も構成物（概念）であり
変化に開かれている。カナダの歴史教育者が，イングランドのものに厳密に
は対応しない「6大（big six）」2次概念を認定するとともに，イングランド
のそれからは大きく異なる「倫理的次元」をも含むということ（第2図）は，
このことをよく示している（Seixas and Morton, 2012）。
　「新しい」歴史の目標は，教室で「ミニ歴史家（mini-historians）」をつくる
ことではなかったし，〔今も〕そうではないということを，明確にしておく
ことが重要である。目標は，生徒が歴史家のように考えを働かせることであ
り，多くの生徒の学齢相当の範囲を超えた歴史家になることではなかった。
それにもかかわらず，イングランドの歴史教育者（history educators）の間で

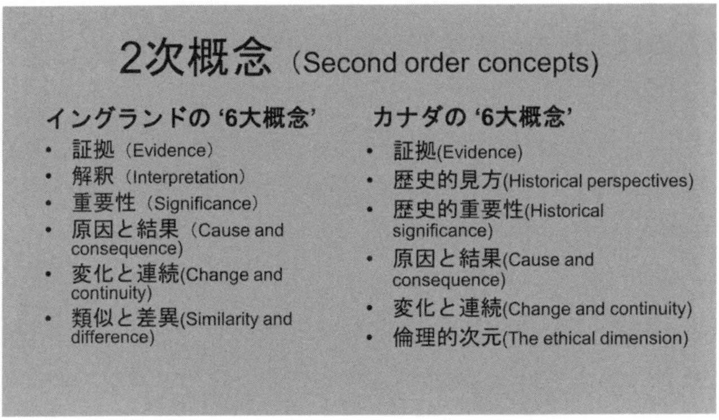

第2図　イギリスとカナダの2次概念

は，生徒は探究の過程を通して，1次知識及び2次知識を活用し，諸主張を評価し，議論・説明を展開することができるということがかなり共通に受け入れられている。そこには，そのような探究の結果が，新しくオリジナルなものになるという期待はなく，生徒は，初歩・基本的な歴史的調査を遂行し，歴史家が用いる過程における比較的大まかな方法を使うことができるだけである。そこで，「歴史家のように読む」あるいは「歴史家のように考える」ことを推奨するために，同一（identity）ではなく，類推として用語「のように（like）」を，私たちは多用している（Chapman, 2016）。

4．探究の役割

ここまで，1次（実質的知識）と2次（構造的知識）とを結びつけ概念的に理解することの大切さを強調してきたが，両者の適切なバランスを見つけようとすることは難しい挑戦・課題である。実質的知識の構築を過度に強調し，2次概念があまりにも少なければ，1970年代に否定されたある種唯一の物語で，理解することが欠落した歴史認識論に至る可能性がある。逆に，知識の内容本体としてではなく，知識の形式としての歴史をあまりに強調しすぎると，適切に裏づけられていない弱い推論・議論に至る可能性がある。

　この課題に対する１つの答えは，とりわけ1991年の初版ナショナル・カリキュラムにおける大量の内容に直面した場合のものは，大きな問い（a big question）の下で授業をグループ化する，探究を基礎にしたアプローチであった（Kitson *et al.*, forthcoming）。このアプローチは現在よく知られており（イングランドの全ての学校に完全に普及してはいないが），ほとんどの大学主導型教員養成ルート（university-based initial teacher education routes）を含め，広く支持されている。

　諸教科を越えた学習方法としての探究のほとんどの定義に共通することは，仮説そして結論に達するための証拠類に進む前に，疑問あるいは問題—デューイが「困難の感得 'felt difficulty'」と呼んだもの（Barton and Levstik, 2004）—からはじまる一連の学習（sequence）である（Dawson, no date）。歴史においてこれら証拠は，結論に達するために批判的に分析される，１次及び／または２次資料から構成されている。探究という用語は，1995年には改訂ナショナル・カリキュラム歴史に反映され，1998年にはゴーマン（Gorman）が「構造化された探究 'the structured enquiry'」を *Teaching History* 誌に発表した。２年後にはライリー（Riley, 2000）が，よい「探究の問い 'enquiry questions'」の基準を提起した重要で影響力のある論文を *Teaching History* 誌に発表した。この段階で，イングランドの歴史教育における「探究」は，非常に明確となった。一連の学習は，「それは，どのようなものであったか」というアプローチを避け，歴史的思考の特定の側面に注目を向けるための言い回しである，意欲をかき立てるパズルのような問い（challenging, puzzling question）によって結びつけられたのである。これは，とりわけ最近の政治家からは，教師主導の学級全体の教授を否定したものとして解釈されている。しかし，これは，単純化しすぎている。教師の解説による学級全体の学習と，教師主導の議論とは，探究において矛盾するものではない。これは，バランスの問題であり，問題に取り組み，情報を批判的に分析し，主体的に結論に達するような場を，適切なタイミングで生徒に与えることな

のである。

　私の学生〔歴史教員資格取得課程の学生〕が今年はじめに作った探究〔学習〕指導案（Trapani, 2019）, を提供することで, 私がここで述べている意味を示す。

　彼女は, ピーター・フランコパン（Peter Frankopan）のシルクロードについての人気ある本（2015）に触発され, 11-12歳の生徒向けの一連の指導案を作成し始め, 次を決定しなければならなかった。

　　ⅰ. シルクロードのどの側面について生徒に教えるべきか（即ち, 教える実質的知識）
　　ⅱ. シルクロードをみて考える眼鏡（lens）としてどの2次概念を用いるか

　彼女は主に, 因果関係（例：なぜシルクロードは存在したのか？）, あるいは意義・重要性（例：どんな影響力をシルクロードはもっていたか？）, もしくは他の2次概念に焦点を当てることができたが, 証拠の概念に主焦点を当てることを選んだ。それは, 他の2次概念が全体を通して表れなかったということではなく, 探究を中心として進める問い及び一連の学習の最後の課題として, 証拠に主に焦点を当てたということである。証拠に焦点を当てるという彼女の決定は, 主に次のような要因の影響を受けていたものであった。

　　ⅰ. 彼女は, シルクロードに関する豊富な対象・資料を並べて見せ, それらを〔歴史的〕状況に置くことにより, 推論することを生徒に推奨したかった。
　　ⅱ. 彼女は, 『シルクロード沿いの生活』（1999）と題され, 商人, 兵士, 修道女, 芸術家など様々な視点からシルクロードを探検する各章からなる書籍を執筆した歴史家スーザン・ホイットフィールド（Susan Whitfield）に触発されていた。

　可能性のある包括的な問いの範囲は広いものであったが, 適切な探究する問いについてかなり苦労して「取り組んだ」後, 彼女は「シルクロードについて, 私たちに最もよく（・詳しく）語ることができるのは誰ですか？」との問いに決定した（第3図）。

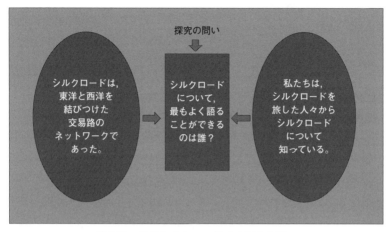

第3図　単元シルクロードでの探究の問い

　この問いに答える際に，生徒はシルクロードについて多くのこと（それは何で，いつ存在し，何のためのもので，どんな影響を与えたのか）を知る必要があり，それらは強固な1次知識（実質的知識）を構築する。しかしながら，それはまた，「シルクロード沿いの生活」についてどのように歴史家はスポットライトを当てたのかとの問いに答えることに能動的に関わっており，そうすることは証拠という2次概念を生徒が理解することを進め・発達させる。それだけではなく彼女は，シルクロードに関係した様々な人々を生徒に紹介し，誰であり・何を成したかによってシルクロード体験が異なることを強調することにより，ある種の〔歴史的〕共感・追体験（empathy）及び「類似と差異（similarity and difference）」とイングランドで呼ばれるものへと生徒を誘うことになった。探究の問いにおける「最も（most）」という言葉の役割とは，自分達が理解することに対する様々な人々の貢献についての比較考量を生徒へ余儀なくさせ，問いへの回答においては主張を具体的に形作ることを生徒へ要求することであった。

　彼女は，大きな問いを単元内の7授業へ細分化し，大きな問いを使いやす

く魅力的なものにした。

> 授業1：シルクロードとは，何でしたか？
> 授業2：シルクロードを旅したのは，誰でしたか？
> 授業3：Nanaivandak[2)]の鞄には，何が入っていましたか？
> 授業4：Nanaivandak は旅で，誰と会いましたか？
> 授業5：Stein[3)]が発見したのは，何でしたか？
> 授業6：史上最大の旅行者から私たちは，何を学ぶことができますか？
> 授業7：シルクロードについて，私たちに最も〔よく・詳しく〕語ることができ
> るのは誰ですか？

　このように構造化された質問におけるキーポイントは，大きな問いが一連の授業の早い段階で導入され，授業全体を通して頻繁に参照され，生徒が実際にその問いに答える機会が最後に与えられていることである。おそらく分かるであろうが，この探究は，実質的知識には富んでいるが，単一の物語の説明ではない。生徒は自分たち自身の実質的な主張を展開するために，実物（object）を含む幅広い1次資料を調べることで，歴史的知識を相続し構築するプロセスへの深い理解（an insight into the process）を獲得している。歴史家が行うこととの関連をより明確にするためには，歴史家であるスーザン・ホイットフィールドに生徒は連絡し，教室でも共有できた証拠の彼女の使用についてメールでやり取りもしていた。

　ここで重要な点は，力強い知識を教えるために必要な力強い教授法（the powerful pedagogy）についてである。探究のプロセスでは，問いへの答えをみつけることに生徒が積極的に関わること（students to be actively involved in finding the answers to questions）が求められる。教師は，依然として重要であり生徒が知識を構築するのを助けるが，探究の問いへの答えは生徒に教えない。その代わりに，生徒は情報源をみたり教師や生徒間で課題を議論したりすることによって，自分自身の答えをみつけるのである。

5．知識をめぐる議論

　以上のシルクロードについての探究でみてきたように，探究プロセスを通じて2次概念に焦点を当てることは実質的知識の役割を軽視するものではなく，十分に達成される（realized）べき事実的知識基礎に実際は依存している。しかし，イングランドの歴史授業の教室現場で教えられている事実的知識は現在，より一層注目を集めている。これは，「力強い」学問的知識（'powerful' disciplinary knowledge）の役割及び，全ての若者（young people）が自身の状況にかかわりなく有するそのような知識に接する権利，を推奨・主張するマイケル・ヤングの研究（2008年など）に，ある程度影響されている。歴史教育者は一般に，合科された人文科プログラムの結果として学校現場で増した汎用的傾向，一つが全ての発達の様式に適合するというような見方，スキルを基礎とした「空っぽ」のカリキュラムに絶望していたため，これを重点の復活として大歓迎した（参照 Counsell, 2016）。ヤングとムラー（Young and Muller, 2010）の解法「3つの未来」を参照するならば，その時点での〔ナショナル〕カリキュラムは，「未来2型」の道を進んでいるように見えた。しかしながら，ヤングの研究が好評に受け入れられる一方，2010年に設立された連立政権の初期に教育大臣となった新伝統主義者マイケル・ゴーヴ（neo-traditionalist, Michael Gove）の介入は，より分裂的なものであった。ヤングのように，ゴーヴは知識の役割を強調したが，学問的な観点よりも，学習されるべき知識の正典・規範（canon）という観点からであり，「未来1型」カリキュラムへ戻る可能性を開くものであった。確かに歴史における新しいナショナル・カリキュラムを作成しようとするゴーヴの最初の試みは，英国史が優位を占める国家の物語に焦点を当てるとともに歴史的思考のほとんどの側面を無視していたため，落胆させられるものだった（Burn, 2015参照）。ゴーヴは，この試みを後に抑え，よりバランスのとれたカリキュラムを作成することを余儀なくされたが，実践において「知識が豊富（knowledge rich）」

が意味するものの解釈は，歴史教育界で引き続き議論され続けている。

　この議論には，学校歴史を，１次知識と２次知識との間の相互作用として定義する，という再主張が含まれている。言い換えるならば，実質的知識が重要ではないとは誰も提案していないものの，歴史ならではの貢献とは知識を蓄積することだけでなく，そのような知識が可能にする歴史的思考という独特なものであることを強調しているのである（Cain and Chapman, 2014）。新伝統主義者のゴーヴは，科目独特の知識への関与（責任）を主張したかもしれないが，一般的に考えられている類いの方法・やり方（in *generic* kinds of ways）で知識の内容本体を獲得するようなものとしてのみ学校の歴史をみている。ゴーヴが承認することができなかったのは，学校の歴史学習が，アカデミックな歴史家が現実に行っていることを反映するとするならば，知識の内容本体だけでなく，特有の思考の方法・やり方（distinctive *way of thinking*）が必要であるということだったのである。

６．何のための力強い知識？

　同時に，ヤングの「力強い知識」概念は，各教科の実践でそれが意味するものを教育者が検討する非常に興味深い研究を引き起こしてる。

　例えば，モード（Maude, 2016）は地理が何のために力強いのかを提起することにより地理教育界での議論を刺激し，地理はその目標をめぐって活発な議論を呈している。ランバートとモーガン（Lambert and Morgan, 2010）は，地理において「ケイパビリティ（Capability）」を発達させるという広範な目標の一部として，生徒は地理の認識論的根源（epistemological roots）に関わるべきであると強調している。彼らは，地理教育の価値は，その内容と目標を通して，人間のケイパビリティに貢献することにあると主張している。「ケイパビリティ」は「スキル」と同じではない（スキルはその一部だが）。その意味はより広範であり，「人々の個人としての自由，とりわけどのように生きるかについて選択することに関連する自由」を含んでいる（p.63）。し

たがって，スキルとは異なり，ケイパビリティは「価値内在であり，教授の道徳的本質に置かれているものを重視」している。この点において重要なのは，地理を教える時に教師が確定する全体的な目標と目的（aims and purposes），そして地理という学問における命題的知識と手続き的知識（propositional and procedural knowledge）双方を最も*価値ある*方法—したがって若者にとって最も力強い方法—で教師が導出・活用できる程度である。この意味で，ランバートは，ケイパビリティズ・アプローチは「望まれる・賞賛されるべき（laudable）カリキュラム目標を達成する際の学問的知識の重要性に注意を払っていることから，未来3型カリキュラムを明確にする手助けになる可能性がある」と主張している（Lambert, 2016, p. 402）。

モード自身は，マイケル・ヤングのような社会実在主義者（social realists）に触発された者だが，力強い知識の特性に多くの研究者は第一の関心を持っているようにみえるにもかかわらず，力強い知識が若者にできるようにする事柄についても検討しているということに気付いた。モードは，例えば，世界について思考する新しい方法を提供し，代替案を構想し，学習者が知識の権威へ挑戦することを可能にする力強い知識の役割を強調する（Maude, 2016, p. 71）など，ヤングの研究成果から様々な語句を引用している。

同様な流れでヤングとムラーは，社会科学の「力強さ」が可能にすることに特化してであるが，2014年にこれら話題について記している。

> 　一般概念・通則の提供は，特定の文脈には時には弱くしか結びつけられておらず，同質的コミュニティの比較的客観的な方法に基づいた事実を生成する。<u>それら知見は，代替政策についての議論の材料となり，場合によってはその社会的話題自体として貢献・寄与する。</u>さらに，多くの場合，確実性ではなく確率であるにもかかわらず，それは検証可能な予測を行い，政策者・政治家に彼らの判断の帰結が，意図よりも一層「力強い」ものであるかもしれないことを気付かせる（Young and Muller, 2014, p. 62，下線は筆者強調）。

これは，アカデミック歴史の文脈において，アカデミックな進歩という理

由で，より頻繁に成果公開ができる，より狭い歴史要素を歴史家が研究し出版することが増加しているというグルディとアーミテイジ（Guldi and Armitage, 2014）の論につながっている。この状況は，一般的に参照される比較的短期間の視点ではなく，長期的な視点から利益・恩恵を得ようとする政策立案者にとって，〔歴史研究を〕あまり役に立たないものにするという。換言するならば，〔歴史研究は〕現在への私たちの見方を高め・向上させることのできる「長期持続（the 'longue duree'）」で，より「大きな歴史（big history）」であるべきことを論じている。ここではこの点を十分に述べる余地はないが，同様な理由で―社会的話題自体を照らし出し明確化することができる人間の過去（そしておそらく人間以外の過去）へのより明確な見方・視点を発達させるため―，より一層「大きな絵・像（big picture）」を生徒に教える事例がある（Young and Muller, 2014; Hawkey, 2014も参照）。

　この議論が，歴史よりも地理で活発であることの理由の一部は，イングランドの歴史教育者がこれまで行う必要のなかったやり方で―歴史に関して言えば，2次概念の創発で「歴史的に思考する」ことの意味の定義を少し前に示していたが―「地理的に思考する」ことの意味を，地理教育者らが定義しようとしているからである。実際，イングランドの歴史カリキュラムは，「未来3型」のカリキュラムの初期の例と見なすことができる。しかし，私の考えだが，歴史教育者は何のための歴史であるかとの問い（questions of what history is *for*）をも再検討する必要がある。もし，この答えの一部が，生徒が「歴史的に考える」ことを手助けすることであるならば，それを学ぶことが若者にとって何故役立つことなのか？　という議論で正当化・支持される必要がある。私たちは，生徒がより洗練された方法で思考することをどのように手助けできるかという合意し易い論題に長らく焦点を当て続けたため，何を教えるべきかとその*理由*（*what* we should teach and *why*）についての議論をおろそかにしてきた。これは，実質的知識の役割の重要性を決して否定するものではなかったが，内容選択の重要性についての議論を覆い隠し

力強い知識が，生徒にできるようにするもの	今日の世界をみる新たな方法を発見する	社会の話題に関わり，それについて議論する	知識的な主張を，受け入れる，あるいは拒否する根拠を理解する

| 歴史がそれら目標にどのように貢献するのか：例 | 物事は常には，今のようなものではなかった。

過去の判断と展開は，現在そして未来をつくる。

物事は不可避であり，偶然にはおこらない。

過去（そして現在）の人々は多様であり，〔歴史的〕共感・追体験は難しいが重要である。 | 歴史は私たちが現在を理解するのを，どのように手助けするか？

歴史は未来について私たちが考えることをどのように手助けすることができるか？

長期的視点（つまり，「大きな絵・像」あるいは枠組み）は，現在の複雑な課題へのアプローチを私たちが特定するのを，どのように手助けできるか？ | 「歴史」と「過去」との違いは何か？

主張と，主張の背後にある証拠の重要さとの間の関係とは何か？

異なる人々では，過去が異なる方法で解釈されるのは何故か？ |

第4図：学問的な歴史的知識で力強いものは何か？

ていたのである。

　第4図は，「歴史は何のために力強いのか？」という問いへの答えの始まりを，一連の語句（プロンプト）が提供するかもしれないとして，私が提起するものである。ここで私は，社会的話題（society's conversations）に関わること，そこでの主張を受け入れるあるいは拒否する根拠を理解すること等が期待されるであろう力強い知識のいくつかの性質を特定している。これらは，ランバート，モーガンなどの地理教育者の研究成果に触発されたもので，とりわけモードの研究に大きく依拠している。

7．イングランドにおける歴史教員の養成

　最後に，イングランドで新しい歴史教員をどのように養成しているかについてのいくつかの観察報告で終わる。昨年日本へ訪問し発表したメリー・ビダフが，教員養成教育機会の提供の動向を概説[4]しているので，ここではそれらを繰り返さない。大学主導の養成から離れ〔学校現場へ移る〕方向への転換があり，多様な養成ルートと養成機関が並存する複雑な様相に現在はある，と言えば十分であろう。学校の役割を強調する〔この方向転換の〕潜在的な帰結は，大学養成機関と〔学校との〕十分に確立されたパートナーシップの低下だけではなく，学校が養成を主導する下では，技術技巧ベース（craft-based）実践的専門職のように教えることへ重点が一層置かれ，教授専門性をもたらす豊富な知識の源への注意も低下することである。

　他の教科同様に歴史では，これは深刻な問題である。1990年にローラー（Lawlor）は，この専門職への新規参入者は，2つのものが必要であると主張していた。すなわち，教科での徹底的なアカデミック基礎（即ち，学士号）と，実践的な教授スキルである。彼女は，未熟な新任教師が身に付けるべき新しい「知識」や「理論」はなく，教科知識を子供へ伝達する実践的方法をただ必要とするだけであると主張した。当時，この見解は政策にほとんど影響を与えなかったが，最近はこの主張の要素を政策にみつけることができる。この仮説，教授とは専門的アカデミック知識を子供に伝達するだけであるという仮説は，歴史においては欠陥がある。何故ならば教科は，少なくともイングランドにおいては，大学から学校へと移るにつれて再文脈化（recontextu-alised）されているからである（Bernstein, 2000）。前述したように，「新しい歴史」は，歴史の学問的構造を子供により見えるようにし，子供が歴史的知識の状態・位置（the status of historical knowledge）―リー（Lee, 2011）が「歴史的リテラシー」と述べたもの―を理解できるようにした。したがって，学部での学修から自身の学科目をよく知ることと，それを教えるために学科目

をよく知ることとは，全く同じではない。

　私がロンドンで指導する教員養成コースは大学主導型であり，実際に科目専門性を大変重要視することができ幸いである。これからの歴史教師〔になる者〕が利用できる多くのコースが，本コースのようにはほとんど見えないということを強調することは大切ではあるが，私たちが行っていることを概説することも興味深いかもしれない。法律により，選択した養成コースにかかわらず全ての学生は，学校で120日間を過ごさなくてはならない。私たちのコースでは，これは2つの学校での実習（two school placements）に分けられる。また，学生は大学で43日間を過ごすが，その大半（34日間）は歴史の教授に焦点を当て特化したものである。それら34日は各丸一日であるので，年間を通じて歴史に特に費やされる合計時間は約204時間になる。雇用ベースあるいは他の学校主導型の養成ルートの学生では，約12時間このような学修を受けられるならば幸運であろう（students may be lucky to receive about 12 hours of such input）。これは非常に大きな格差であり，イングランドで現在利用できる教員資格取得経路の多様化，そして，様々な学校や若者のニーズの幅広い文脈での教科における新任教師の学問的知識・理解の希薄化の可能性，を映し出している。

　最後に，教員の募集・供給が，生徒数が700万人から800万人強へと2022年には増加すると予測されているイングランドの教育が直面している最も重大な問題の1つとなっていることを付け加えることは価値がある。政府は，教員志望者の減少を止めるために奨学金の増加を余儀なくされてきたが，採用の安定にはほど遠い。これに加えて，資格取得5年以内の教員離職率は最大44％にのぼり（Orchard and Winch, 2015），教員の雇用を維持するという課題がある。今後追加的に100万人の生徒を教育する必要があるため，教員の募集と雇用維持はこれからの6年間でとりわけ重要な事柄になる。

8．結論

　歴史をうまく教えることは簡単ではない。知識の内容本体と知識の形式の双方を重視することが定着したイングランドでは，１次知識と２次知識との間の適切なバランスを見つけるという課題に取り組んでおり，それを助けるために探究に基づいたアプローチにしばしば目を向け，探究の大きな問いをより適切にすることに取り組んでいる。歴史〔学習〕の進歩を評価する方法を見いだすことは，さらなる課題だが，歴史教師全ての基本的な目標は，どのように生徒を歴史に関係させ，それが大切であることを生徒にどのように納得させるかである。

　そこで最後に，私たちの養成コースが，集合的に目標を述べた次の５つのテーマで構成されていることを紹介することは，適切で相応しいであろう。

　　１．歴史的思考（Historical thinking）
　　２．全ての者への歴史（History for all）
　　３．多様な歴史（Diverse histories）
　　４．歴史と関わる（Engaging with history）
　　５．歴史の専門教師になる（Becoming a professional history teacher）

　これら全てのテーマにまたがっているのは，これら様々な要素（strands）をまとめ合わせる手段としての探究の概念であり，私たちが行っていること全てを支えているのは，学問的な歴史を教えることは困難なことであるが，その報いは十分で広大であるという確固たる信念である。

　イングランドの歴史カリキュラムと日本のそれが現在，反対方向に動いているとするならば，途中のどこかで両者が出会う方法はあるのだろうか？日本の計画されたカリキュラムの改革について私が見てきたことからは，現在を理解することを促すために過去を教えるということへの長年にみえる関与と並行して，歴史教育へ歴史的思考を組み込む方向への動きがある。一方，イングランドでは歴史的思考への関与は長い間継続し残されてきているが，

若者が現在を理解し航海する（navigate）のを最も助ける内容を選択するという勢いが増している。私たちは，お互いから学ぶことができると考えている。

訳者注

1）Young（2008）が提起した"powerful（knowledge）"の訳出語は，柳田ほか（2018）が報告した通り定まっておらず，「力あふれる（知識）」「力満ちる（知）」も使用されている。本稿では，訳者がこれまで使用してきた「力強い（知識）」と表記する。
2）書籍に出てくる商人の名前。
3）書籍にでてくるイギリス人考古学者。
4）日本社会科教育学会第68回全国研究大会（2018年11月4日（水）奈良教育大学）課題研究Ⅴにおける発表を指し，内容は訳者補足に記したオープンアクセス学会誌掲載論文のビダフ，M.・志村喬（2019）で公開されている。

文献

Barton, K.C. and Levstik, L.S.（2004）: *Teaching History for the Common Good*, Mahwah, NJ and London: Lawrence Erlbaum〔バートン，キース. C.，レヴスティク，リンダ，S. 著；渡部竜也・草原和博・田口紘子・田中伸訳（2015）：コモン・グッドのための歴史教育：社会文化的アプローチ．春風社〕.

Bernstein, B.（2000）: *Pedagogy, symbolic control and identity*. Maryland: Rowman and Littlefield.

Burn K.（2015）: The Gove Legacy in the Curriculum: The Case of History. Finn M. ed., *The Gove Legacy: Education in Britain after the Coalition*. London: Palgrave Pivot.

Cain, T. and Chapman, A.（2014）: Dysfunctional dichotomies? Deflating bipolar constructions of curriculum and pedagogy through case studies from music and history. *The Curriculum Journal*, 25(1), pp. 111-129.

Chapman, A.（2016）: Historical Thinking/Historical Knowing: On the Content of the Form of History Education. Counsell, C., Burn, K. and Chapman, A. eds., *MasterClass in History Education*. London: Bloomsbury.

Counsell, C.（2011）: Disciplinary knowledge for all, the secondary history curriculum and history teachers' achievement. *The Curriculum Journal*, 22(2), pp. 201-225.

Counsell, C. (2016): History Teacher Publication and the Curricular 'What?': Mobilising Subject-Specific Professional Knowledge in a Culture of Genericism. Counsell, C., Burn, K. and Chapman, A. eds., *MasterClass in History Education*. London: Bloomsbury.

Dawson, I. (no date): *Developing Enquiry Skills*, http://www.thinkinghistory.co.uk/EnquirySkill/EnquiryImportance.html, accessed June 2018.

Frankopan, P. (2015): *The Silk Roads: A New History of the World*, London: Bloomsbury.

Gorman, M. (1998): The 'structured enquiry' is not a contradiction in terms: focused teaching for independent learning. *Teaching History 98*, The Historical Association.

Guldi, J. and Armitage, D. (2014): *The History Manifesto*. Cambridge: Cambridge University Press. 〔J. グルディ, D. アーミテイジ著；平田雅弘・細川道久訳 (2017)：『これが歴史だ！　21世紀の歴史学宣言』刀水書房〕.

Hawkey, K. (2014): A new look at big history. *Journal of Curriculum Studies*, 46(2), pp. 163-179.

Kitson, A,. Sheehan, M. and Harcourt, M. (forthcoming): Making meaning about the First World War in museums. Chapman, C., Kitson, A., Bain, B. and Shreiner, T. eds., *History Education & Historical Enquiry, Volume 9 of International Review of History Education*. Information Age Publishing, Charlotte, NC.

Lambert, D. (2016): Geography. Wyse, D., Hayward, L. and Pandya, J. eds., *The Sage Handbook of Curriculum, Pedagogy and Assessment vol 1*. London: Sage Publications, pp. 391-407.

Lambert, D., and Morgan, J. (2010): *Teaching Geography 11-18: A Conceptual Approach*. Milton Keynes: Open University Press.

Lawlor, S. (1990): *Teachers Mistaught*. Centre for Policy Studies.

Lee, P. (2011): History education and historical literacy. Davies, I. ed., *Debates in History Teaching*. Abingdon: Routledge.

Maude, A. (2016): What might powerful geographical knowledge look like? *Geography*, 101(2), pp. 70-76.

Orchard, J. and Winch, C. (2015): What training do teachers need? Why theory is necessary to good teaching. *Impact: Philosophical Perspectives on Education*

Policy No. 22.

Price, M. (1968): History in Danger. *History*, 53(179), pp. 342-347.

Riley, M. (2000): Into the Key Stage 3 history garden: choosing and planting your enquiry questions. *Teaching History*, 99, The Historical Association pp. 8-13.

Seixas, P. and Morton, T. (2012): *The Big Six Historical Thinking Concepts*. Canada: Nelson Education.

Sheehan, M. (2013): 'History as something to do, not just something to learn': Historical Thinking, internal assessment and critical citizenship. *New Zealand Journal of Educational Studies*, 48(2), pp. 69-83.

Slater, J. (1989): *The politics of history teaching: a humanity dehumanized?* London, Institute of Education.

Sylvester, D. (1994): Change and continuity in history teaching 1900-93. Bourdillon, H. ed., *Teaching History: A Reader*. London: Routledge in association with The Open University.

Trapani, B. (2019): Who can tell us the most about the Silk Road? Historical scholarship, archaeology and evidence in Year 7. *Teaching History*, 177, The Historical Association, pp. 58-67.

Whitfield, S. (1999): *Life Along the Silk Road*. Berkeley: University of California Press.

Yates, L., Woelert, P. Millar, V. and O'Connor, K. (2017): *Knowledge at the crossroads? Physics and history in the changing world of schools and universities.* Singapore: Springer.

Young, M. (2008): *Bringing knowledge back in: From social constructivism to social realism in the sociology of education.* Routledge: London.

Young, M., and J. Muller (2010): Three educational scenarios for the future: Lessons from the sociology of knowledge. *European Journal of Education*, 45(1), pp. 11-28.

Young, M. & Muller, J. (2014): On the Powers of Powerful Knowledge. In Barrett, B. and Rata, E. eds., *Knowledge and the Future of the Curriculum*. Basingstoke: Palgrave Macmillan.

【訳者補足】訳者注掲載文献及び本発表内容の理解に資する邦文文献

1. 英国（イングランド）の歴史的思考力育成の授業理論・実践について

菅尾英代（2017）：歴史的思考の発達と概念的理解力－イギリスの中等学校歴史授業
　　（11-12歳）の教授・学習過程に関する探索的ケース・スタディ－．国立教育政策
　　研究所紀要，146，pp. 155-175.

2．「powerful knowledge」論について

柳田雅明（2015）：「知識に基づくカリキュラム」を今日提起する意義とは－「カリキ
　　ュラムの社会学者」マイケル・F・D・ヤングの近論から－．青山学院大学「教
　　職研究」，1，pp. 115-125.

ヤング，マイケル著；菅尾英代訳（2017）：「力あふれる知識」はすべての児童・生徒
　　にとっての学校カリキュラムの基礎となりうるか．カリキュラム研究，26，
　　pp. 91-100.

柳田雅明・中野和光・志村喬・本田伊克・森岡修一（2018）：カリキュラム理論にお
　　ける powerful knowledge－その歴史的背景そして展開・拡張－．日本カリキュラ
　　ム学会第29回大会自由研究発表（配布資料）．

志村喬（2020）：パワフル・ナレッジ（powerful knowledge）論の生成と展開に関す
　　る教科教育学的覚書－地理教育からの書誌学的アプローチ－．上越教育大学研究
　　紀要，40(1)，pp. 217-225.

3．「powerful knowledge」と教科教育・教員養成について

ランバート，デヴィッド著；広瀬悠三・志村喬訳（2017）：地理の教室では，誰が何
　　を考えるのか？－力強い学問的知識とカリキュラムの未来－．新地理，65(3)，
　　pp. 1-15.

志村喬（2018）：イギリス教育界における「知識への転回」と教員養成－地理教育を
　　中心に－．松田愼也監修『社会科教科内容構成学の探求－教科専門からの発信
　　－』風間書房，pp. 212-234.

ビダフ，M.・志村喬（2019）：イギリスにおける教員養成改革の教科教員養成への影響
　　－地理教員養成の事例－．E-journal GEO, 14(2), pp. 404-412.

4．本講演企画・報告について

二井正浩（2020）：イギリスにおける歴史教育と教師教育－A. キットソン氏を招い
　　て：2019年国際交流セミナー報告－．社会科教育研究，139，pp. 71-73.

第 9 章

地理教育手法の国際的な伝播

－イギリス発オランダ／ドイツ経由の「ミステリー」－

山本　隆太＊

Chapter 9

International diffusion of geographical learning method: Mystery from
the UK via the Netherlands and Germany to Japan

Ryuta YAMAMOTO＊

ABSTRACT

Mystery, a geographical learning method from D. Leat's *Thinking Through Geography* project, was developed in Great Britain, disseminated throughout the Netherlands and Germany, and eventually introduced in Japan 20 years after its inception. Mystery is now well known among geography teachers in the Netherlands and Germany, and it has been installed in teacher education at university in both countries. Many learning materials and textbooks about Mystery have been published.

Mystery was a suitable and adaptable method especially in Germany, which, following the shocking outcome of PISA 2000, began an educational reform in the early 2000s that emphasized a "New culture for learning tasks" (Neue Aufgabenkultur). Since then, to adapt this educational context, German teacher educators have gradually modified Mystery's properties, adding new characters to foster systems thinking and systems competencies, which are the main basic concepts and objectives in German geography education.

Systems thinking and competencies are common interests in Germany and Japan. The first case of Mystery in Japan was climate change education in the context of Education for Sustainable Development (ESD). Thereafter, Mystery was introduced as a systems thinking tool. The advantage of Mystery is that it is easy to adapt and recontextualize. As such, it can serve as an example for the GeoCapabilities project.

＊静岡大学　Shizuoka University

1．はじめに

　本書で取り上げられている GeoCapabilities はイギリスを中心として，ア
メリカやフィンランドなど各国の地理教育研究者らが参画した国際プロジェ
クトとして展開されてきた。日本でも月刊「地理」の連載においてその成果
が見られる。

　筆者が研究してきたドイツでは，2015年のドイツ地理学会ベルリン大会に
おいて，D. ランバート（David Lambert）が "Powerful Disciplinary Knowl-
edge and the Future 3 Curriculum" と題した基調講演[1]を行うとともに，
「ドイツ地理教育におけるケイパビリティーアプローチ」の分科会が設けら
れ，ワークショップや議論が行われた。この分科会のコーディネートはドイ
ツの地理教育研究者である A. ウーレンヴィンケル（Anke Uhlenwinkel）が担
い，GeoCapabilities はドイツ国内の地理教育関係者に知られるところとな
った。

　その後，ウーレンヴィンケルらは各国の現職地理教員に対するインタビュ
ーやアンケート調査を基に，フィンランド，スウェーデン，オランダ，ドイ
ツにおける GeoCapabilities の受容の可能性について検討した（Uhlenwinkel
et al., 2017）。ドイツに関しては，国内地理教育における中心的な概念（Gestal-
tungskompetenz（創造コンピテンシー）など）の影響が教員意識に色濃く反映さ
れており，それらと GeoCapabilities が競合する可能性が暗に示された。

　その後，現在に至るまで，ドイツでの GeoCapabilities に関する議論は拡
大したとは言い難い。その理由については，上記の指摘のようにドイツ国内
の地理教育概念との競合があり，とりわけ能力論としてはコンピテンシー論
を軸に議論が進展したためと考えられる。

　その一方で，同じくイギリス発祥の地理学習プロジェクト「地理を通して
考える（Thinking through Geography）」（Leat, 1998）に端を発する学習手法
「ミステリー」は現在，ドイツ国内で広く受容されている。教材例が地理教

育の雑誌に多数掲載されていることに加え，教員養成や研修の場で積極的に
取り上げられており，今日のドイツ地理教育実践のシーンで目にする機会は
少なくない。そこで本稿では，ミステリーのドイツ国内での受容について，
ドイツの地理教育と教員養成・研修の改革動向を踏まえながら整理するとと
もに，日本での導入の事例についても示し，国際的な研修材の伝播について
整理する。なお，ミステリーの具体的な教材例については4節に記す。

2．ドイツ地理教育の実践と教員養成・研修の改革

2.1．地理教育の改革

　ドイツでは2000年のOECD（経済協力開発機構）の国際学力調査PISAでの
成績不振をきっかけとして，生徒が到達するべき資質能力（コンピテンシー）
を示した教育スタンダードを導入する等の教育改革が進められた。教育スタ
ンダードは，カリキュラムをコンテンツ志向からコンピテンシー志向へと転
換させるとともに，授業実践に対してはインプット志向からアウトプット志
向[2]への転換を迫った。その際，教育現場ではどのようにコンピテンシー志
向のアウトプット型授業へと転換するのかが議論となり，「新しい学習課題
文化」（Neue Lernaufgabenkultur）と呼ばれる教育的潮流が生まれた。これは，
教科書やワーク教材などに設定された学習課題を解くことを通じて生徒のコ
ンピテンシーを育成し，教員はその成果を見ながら形成的評価を行うことを
学習・教育の軸に据えるものである。

　地理教育も例外ではなく，地理教育スタンダード（DGfG, 2006）が公開さ
れたことによって，従来から教えられていた地理的知識や空間オリエンテー
ションに加えて，情報獲得，コミュニケーション，評価判断そして行動にま
でおよぶ幅広い汎用的なコンピテンシーも育成することが求められた。コン
ピテンシー志向のアウトプット型授業に対応するため，翌年に改訂されたス
タンダード第二版では学習課題事例と評価モデルが新たに掲載されるように
なった。また，地理教科書の編集方針についても，これまでのように単元内

容を文章と図表で示すというスタイルから，設問を軸としてその回答のために必要となるテキストや図表を配置するという課題を軸にしたページ構成へと転換した。

　こうした新たな課題学習文化の浸透によって，教える側の教員ではなく，学ぶ側の生徒にスポットを当てた学習者主体の授業形態が広まった。その過程で，生徒の社会性やコミュニケーションといったコンピテンシーを育む学習形態としての協同学習に注目が集まった（原田，2016）。学習課題文化と協同学習が交差した結果，学習サークル（Lernzirkel）やステーションラーニング（Stationenlernen）と呼ばれるような，生徒が学習課題を自律的に解き，また，互いに教えあう互恵的な協同学習が地理の授業でも数多く実践されている。さらに，学習者の特性に合わせた学びの個別化も推奨されている。こうして教員は，一斉授業の指導者から，学びのファシリテーターへとその役割を変化させてきた。

2.2. 地理教員の養成・研修の改革

　ドイツの教員養成・研修の改革は，こうした教育改革と同時進行で進められた。2008年，各州の文部大臣が構成する会議（KMK）では教員養成・研修の改革に関する決議が採択された。大学での教員養成においては学校実践を重視すること，これまで任意だった現職教員の研修を強く推奨すること，さらに，教員として必要な教科および教科教育の専門知識が明文化された。

　地理の教員には，自然地理学や人文地理学といった地理学の理解とともに，地理教育の研究成果を授業に活かすことなどが求められた。また，コンピテンシー志向でアウトプット型の授業を行う必要性が高まったことから，授業方法の改善も要求された。ドイツ地理学会が2010年に発表した地理教員養成ガイドラインでは，ESD を意識した教科横断型の学習や，学習者主体の授業形態といった改善点と並び，以下のような記述がある。

　「地理の授業が，多様な学習形態に柔軟に対応し，十分な動機付けがなさ

れたものであるためには，地理教員が様々な教材や方法を実践しまた省察的
に取り扱う必要がある。教材には教科書，地図帳，実物等があり，方法には
学習サークル，ミステリー，フィールドワーク，実験，地図作成等がある」
(DGfG 2010, p. 15)

　ここでは学習サークルとミステリーという具体的な学習方法が明記されて
いることに注目したい。特にミステリーについては，ドイツに最初に紹介し
たルートビヒスブルク教育大学の S. シューラー (Stephan Schuler) によると，
2012年時点ですでに数多くの教材事例があり，地理の授業でも一般的に扱わ
れ，教員養成においても履修内容の一部として一定の位置づけを与えられて
いるという (Schuler, 2012)。実際に，大学の教員養成課程の地理科教育法で
の授業案構想 (例えば「紛争ダイアモンドのミステリー授業案」Brinkmann and
Schöpff, 2013)，試補研修教員のトレーニング (例えばジーゲン試補教員センター
の授業モジュール「持続可能性コンピテンシーを育成する地理の構成主義的学習方
法：Thinking through Geography の課題解決型学習」)[3]，現職教員の研修テーマ
(例えば2012年ニーダーザクセン州地理学協会ヒルデスハイム大会での分科会「ミス
テリーによる協同学習形態」)[4]などのように，地理教員の養成から研修まで，
幅広く扱われていることがわかる。
　このように現在のドイツではミステリーの手法が広く普及している。しか
し，そこに至るまでのプロセスはいかなるものだったのかは明らかではない。
以下では，イギリスで生まれたミステリーがどのようにしてドイツに伝わり
受容され普及に至ったかについて，時系列に沿って整理する。

3．ミステリーの伝播：イギリス発オランダ経由ドイツ着

3.1．イギリスの Thinking through geography とミステリー

　ミステリーは，ニューカッスル大学の D. リート (David Leat) を中心とし
た Thinking Through Geography (TTG) グループによって開発された学習

手法である（Leat and Nichols, 1999）。TTG は，地理の授業を生徒にとって興味深いものにし，トランスファー可能な地理の思考スキルを育て，適切な支援（scaffolding）により多様で複雑な情報を扱う知的発達を促すことを目的とした地理教育プロジェクトでありストラテジーであり，また，その具体的な手法には生活グラフ（Living graphs），アウトサイダー（Odd one out）などがあり，どれも課題解決的で構成主義的な特性を持っている（Meyer, 2015）。ミステリー（Mystery）もそのうちの一つである。

　ミステリーでは，生徒は 3 人程度の小グループを作り，20から30枚のカードが渡される。最初に生徒は，教員が読み上げる複数（3 つ程度）のストーリーを聴く。これらのストーリーは断片的であり，なおかつ互いに内容が噛み合わないため，生徒の頭には疑問や謎（ミステリー）が生じる。この謎を解くため，カードに書かれた事象を並び替えてつながりを探し，うまくつながると謎が解けるようになっている。こうした推理小説の探偵のような学習活動を通じて生徒は分類，課題分析，仮説の検証，推測，演繹・帰納的思考，原因結果といった思考スキルを活用することになる。この思考スキルは現実社会における出来事の背景を理解するためにも，地理的事象のパターンやプロセスを考える際にも必要となるスキルである。そして，考え方を学ぶためには，省察によって自己のメタ認知を意識化することが最も重要である（Leat and Nichols, 1999）。

3.2. オランダへの伝播

　1990年代のイギリスで生まれた TTG は，学習ストラテジーとして2003年頃にオランダへと伝播した。

　ナイメーヘン・ラドバウド大学の L. ファンカン（Leon Vankan）とアムステルダム自由大学の J. ファン・デル・シェー（Joop Van der Schee）は，リートと共同研究を行うとともに，教員研修を通じて TTG をオランダに導入した。ファンカンとシェーは当時，地理的思考を学び深める地理教育手法に関

心を寄せており，その関心と合致した TTG の導入を試みたのであった。

　導入後も両者はリートとの研究交流を続け，2006年にはオランダ版 TTG の参考書を出版するなど，受容プロセスを進めるための活動を継続した。

　導入からおよそ10年後の2013年の調査では，被験者となったオランダの地理教員307人のうち 8 割以上の教員が TTG を知っており，5 割以上の教員が実践していた（Hooghuis *et al*., 2014）。オランダの TTG の授業では省察に割かれる時間が少ないといった課題も見られたが，いまや教科書にも掲載され，教員研修のみならず教員養成段階でも一般的に扱われているようになっている状況から判断して，オランダの地理教育において TTG は受容されたといえるだろう。

　なお，Thinking through Geography はオランダ語では Leren denken met aardrijkskunde（Vankan and von der Schee, 2004）となり，独語では Denken lernen mit Geographie である（どちらも英訳すると Learn to think with geography である）。

3.3.　ドイツにおけるミステリーの導入

　TTG をストラテジーとして包括的に受容したオランダに対し，ドイツでは TTG の中でもとりわけミステリーの手法に注目が集まった。ドイツに最初に紹介されたのは，ルートビヒスブルク教育大学のシューラーによる「砂糖をめぐる世界の貿易：グローバル学習の方法としてのミステリー」である（Schuler, 2005）。

　ただし，ドイツ国内にミステリー教材が本格的に広まるきっかけとなったのはシューラーとファンカン，そしてベルリン自由大学（元ベルリン教育大学）のローバー（Gertrude Rohwer）によって2007年に出版された教師向け参考書「ディールケ社 授業方法論—Denken lernen mit Geographie」（Vankan *et al*., 2007）である。この本が出版されてから 4 年後に，ミステリーが普及し始める。

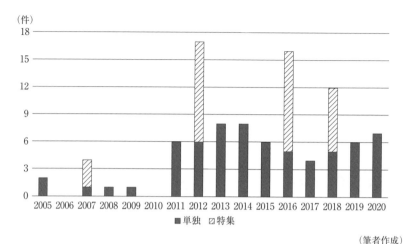

(筆者作成)

第1図　ドイツ地理教育雑誌におけるミステリー教材の連載件数

　第1図は，ドイツの主要な地理教育雑誌（月刊誌，季刊誌含む）や論文検索サイトを用いてサーベイして算出した，2005年以降のミステリー教材の掲載件数である。特集号に掲載されたものを特集とし，それ以外の単独で寄稿されたものを単独とした。2007年の参考書出版の4年後にあたる2011年に6本，2012年に17本（特集号に11本掲載があり，単独掲載は6本）と増加し，その後も特集号の掲載分を差し引いても，年間5～8本程度のミステリー教材が継続的に掲載されている。

　こうした教材数の推移を見ても，2011年以降はミステリーに対する関心が継続している様子がうかがえる。また，実際の教員養成・研修の場面でも数多くミステリーが扱われていることや，その背景にはスタンダードによる教育改革があり，新たな課題学習文化や協同学習を重視する動向があるといった事情についてはすでに述べた通りである。ミステリーに対する学校現場からのニーズは一定程度あったものと推察できる。

　以上のことから，2007年の参考書により導入されたミステリーは，2011年あたりからドイツの地理教員に受容されはじめたとみることができる。

　なお，オランダとドイツの影響関係を確認すると，ミステリーが最初に紹介された時期については，オランダの2003年頃に対してドイツは2005年頃でありわずかな時間差があるに過ぎないが，オランダのファンカンが編集に関わった2007年の参考書がドイツ国内に強い影響力を持ったという事実が，両者の関係を決定づけたと考えられる。こうしてミステリーはイギリスで発祥し，オランダを経由してドイツへと伝播した（高橋・ホフマン，2019）。

3.4.　ドイツでの受容と変化

　ミステリーはドイツ国内で受容される過程において，その性質が少しずつ変化した。2000年代の教育改革によって教員の関心事となったコンピテンシー論とネットワーク思考（システム思考）といった概念や思考法が，ミステリーに接合されていったのである。

　ドイツの受容初期にあたる2008年，バーデンヴュルテンベルク州試補教員研修所の A. レンデル（Andrea Rendel）は，プレートテクトニクスに関するミステリー教材を開発するとともに，教科書会社 Klett 社主催のシンポジウムにおいて，ミステリーの実践によるコンピテンシーの育成や学習結果に対する評価方法について報告した。ミステリーの特性としてカードの学習内容を通じて生徒の地理的な知を育成しつつ，共同作業を通じて方法論的・社会的なコンピテンシーも育まれる点を指摘し，また，カードを繋げまとめることから，ネットワーク思考（Vernetztes Denken）が育まれる点も評価した。

　同じくバーデンヴュルテンベルク州試補教員研修所の T. ホフマン（Thomas Hoffmann）は2013年，貧困や砂漠化，人口増加などの地球的課題をミステリーカードにし，それら地球的課題同士が有している関連性を考えるというミステリー教材を開発した。その際，生徒のネットワーク思考を養うとともに，地球システムを理解した上でその持続可能な発展のためにシステムに適合した判断を行うコンピテンシーを育成するという，ESD やシステム思考の観点が強調された（Hoffmann, 2013）。なお，彼の前年のミステリー教材

「プレートテクトニクスとサハラのクロコダイル」（Hoffmann, 2012）ではシステム思考への言及がない。その理由としては2011年，2012年を境として，地理システムコンピテンシーに関する議論が盛んになってきたことが背景にあると考えられる（山本，2016）。

　2013年のホフマン以降，ネットワーク思考やシステムコンピテンシーを育成するという観点に基づくミステリー教材の開発や研究（Applis, 2014）が広まった。ドイツにミステリーを最初に紹介したシューラーも，2012年にはコミュニケーションコンピテンシーを育む点を強調していたが，近年ではその言及をやめ，代わって「ミステリーの手法はシステム思考に関わるコンピテンシーを育むものである」と明言している（Schuler, 2018）。

4．ミステリーの日本への導入

4.1. ESD・気候変動教育を介した日本への紹介

　バーデンヴュルテンベルク州環境省からの委託を受けたホフマンは，当地の気候変動に関するミステリーを作成した（Hoffmann, 2014）。気候変動教育（CCE）の研究者である高橋敬子はホフマンと意見交換を行い，共同研究を進めた。そして，ESDを通じて育むべき持続可能性キーコンピテンシー（Wiek *et al.*, 2011）を参照し，そのうちの一つであるシステム思考コンピテンシーを育成する手法としてミステリーを採用し，日本の気候変動を題材とした教材を開発した（高橋・ホフマン，2019）。こうしてESD，気候変動教育という文脈を介して，ミステリーは日本へと紹介されるにいたった。

4.2. 日本の地理教育における導入

　ミステリーは日本の地理教育にはESD，システム思考を介して導入された。

　地理教育でのシステム思考の育成を議論してきた地理教育システムアプローチ研究会のメンバーが中心となり，2019年，来日したホフマンによる地理

教育でのシステム思考育成に関する講演と，彼の開発したミステリー教材
「プレートテクトニクスとサハラのクロコダイル」(Hoffmann, 2012) を実践
するワークショップを行った[5]。また，これをきっかけとして当該研究会で
は，ミステリーの教材開発に取り組み始めた[6]。

　日本では目下，平成29 (2017) 年・平成30 (2018) 年告示の学習指導要領
を受け，コンピテンシー（資質・能力）や主体的・対話的で深い学びに対し
て注目が集まっている。こうした動向は，ドイツのミステリー受容プロセス
で経験されたコンピテンシー議論を参照できる点や，対話的な活動を伴う探
究活動の具体的な事例を参照できる点において，日本でのミステリー受容の
追い風になりえると考えられる。

　また，2020年2月末には，新型コロナウイルス感染症（COVID-19）の拡
大に伴う臨時休校要請がなされ，大学を中心にオンラインでの学習を導入せ
ざるを得ない状況となった。そこで当該研究会では，オンラインの会議シス
テム（Zoom）とグループワークツール（Miro, Google Jamboard）を併用しな
がら，オンラインでも実施可能なミステリー教材の開発へと対応を進めてい
る。

4.3.　ミステリー教材の試作

　ここでは筆者が開発したミステリー教材「ゆざわジオパーク　火山・酒造
り・サクランボ編」を紹介する[7]。

　このミステリーは，秋田県湯沢市の小中学校での地域学習における活用を
想定し，地域に存在する諸事象のつながりを捉えるきっかけとしての教材で
ある。題材として取り上げたのは湯沢市にあるゆざわジオパークである。ジ
オパークでは地域の自然や文化，産業，歴史に関する資料が教育用・観光用
に整備されていることや，地域の諸事象のつながりをジオストーリーとして
まとめていることから，ミステリーを作成するにあたっての好条件が整って
いる場所である。教材の概要は以下の通りである。

「湯沢市には火山活動による熱水鉱床（銀）やカルデラといった地形・地質が残されている。江戸時代には院内銀山が日本一の生産を誇り，労働者の流入に合わせて日本酒が増産された。当時，米の生産にも力を入れたが，高松地区の須川は酢川が語源ともいわれるように，上流から強酸性の温泉水が流入しており，田畑に利用できなかった。そこで川の斜面に隧道を掘って水を引いたが，その斜面はカルデラ湖の湖底堆積層で柔らかく掘削が容易であったことが幸いした。近年では，こうした湯沢の地質・地形と人々の暮らしの関係をジオパークとして評価し教育や観光に利用している。また，高校生の発案で，扇状地斜面で栽培されたさくらんぼの一部を，地熱を利用してドライフルーツに加工する取組みがなされている。」

　以上の諸事象を1枚ずつカードにし，また，できるだけイラストや図表，地図を加えながら，全16枚のミステリーカードを作成した（第1表）。その際，ネットワーク思考がより多く活用されるよう，できるだけストーリーラインが単線にならず，交差するように心がけた。

　なお，ミステリー学習は導入，グループワーク，発表，省察の4つの段階で構成される（Schuler, 2012）。導入では，謎を解く活動であることを伝えた

第1表　ミステリーカードの見出し

1	火山の形成	9	地下のマグマと地熱：発電と温泉
2	カルデラの形成	10	ゆざわジオパークのドクターキムラ
3	水を通すためのトンネルを掘る	11	米作りと稲作文化
4	銀のでき方	12	さくらんぼの栽培
5	植物や生き物が住めない酸性の環境	13	日本酒づくり
6	湯沢の鉱山開発	14	地熱の利用へ
7	強酸性の温泉水，鉱山跡からの重金属	15	日本酒の大消費地
8	院内銀山の繁栄と衰退	16	凝灰岩のでき方

（筆者作成）

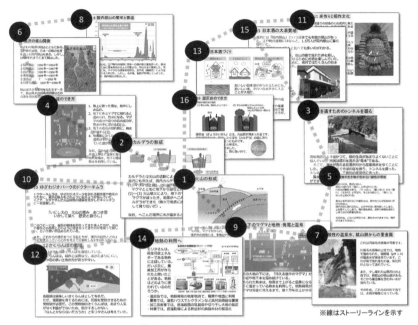

第2図　ミステリーの解答例

（筆者作成）

上で，ナレーションを読み上げ，謎を提示し，カードを配布する。グループ
ワークでは，一般には指示はせずに生徒の自発性に任せるが，生徒によって
は個別対応を行う。発表では，作業の結果について謎を解くのに十分に合理
的な説明をさせる。省察では，ミステリーを通じて何を学んだのか，自分自
身は課題にどのように取り組んだのか，どんなアプローチがより良いのか，
どのような価値判断がなされるのか等といった点について省察する。

　以下は，ミステリー学習の冒頭で読み上げるナレーションである。

　　導入：これから，3つのストーリーを読み上げます。メモなどは取らず，よく
　　聞いて，状況をイメージしてください。
　　「ドクターキムラによると，海洋プレートは日本列島の地下に沈み込む。その
　　後，マグマが作られ，上昇して，火山を作るという。湯沢市の近隣には，栗駒山

や鳥海山などの火山がある。湯沢市にも，かつては火山があり，噴火があった。
現在では，地下に地熱がある。この地熱は数十万年は続くと，ドクターキムラは
考えている。」（カード番号10）

　「酒造りの勉強のため湯沢にやって来たダテさんは，まずは材料である米につ
いて学んでいる。湯沢では昔から，米作りが盛んであるため，稲作に関する文化
も多い。例えば，村に悪いものが入ってこないように，村境にわら人形を立てる
風習がある。カシマサマという。カシマサマは俵や縄を組み合わせて作られる。
高度なわら細工の技術に，ダテさんは感動した。」（カード番号11）

　「モリタさんはさくらんぼを栽培している。佐藤錦は美味しいさくらんぼとし
て有名だ。ただ，佐藤錦を育てるためには，花粉を受粉させるための受粉樹が必
要だ。この受粉樹のさくらんぼは，あまり人気がなく利益がでないため，処分す
るしかない。「なんとかならないだろうか」とモリタさんは考えていた。」（カー
ド番号12）

　発問：実は，火山があるから，ダテさんは酒造りをしているし，モリタさんは
さくらんぼの栽培をもっと頑張ることができる。…ん？　なぜそうなの？　どう
いうこと？　わかりますか？　これから配るカードを使って，この「謎」（ミス
テリー）を解きましょう。

　ナレーションの後，作業には20分くらいの作業時間を取る。作業の結果，
カードが一列に並ぶよりも，広がりを持って配置される方がより構造的に理
解できていることが，カードの配置から推測できる。それを頼りに教員は，
個別の助言を行うことも可能である。

　また，作業結果は必ずしも回答例（第2図）になるとは限らない。それは
問題解決においては唯一の答えや唯一の解決策がないためであり，こうした
多様なアプローチへの気づきは，発表や省察を通じて獲得する。繰り返しに
なるが，TTGにおいては省察することが最も重要である（Schuler, 2012）。

5．結びに　地理学習法と研修材の国際的な伝播とその在り方

　本稿では，Thinking through Geography の学習手法であるミステリーが
イギリスで生まれ，オランダとドイツを経由して日本に導入された経緯につ

いて整理した。20年をかけて日本へと辿り着いたミステリーは，特にドイツにおいてコンピテンシー論とシステム思考という概念で再文脈化されたことが鍵であった。さらに，日本でも関心が高まっていたこれらの概念や能力論を媒介として，日本へと伝わった。

　オランダやドイツでの受容プロセスからは，教員養成に埋め込むことが肝要であることが示唆された。とくにドイツの場合，ミステリーを受容するにあたって仲介役を担ったのは大学の地理教育研究者ではなく，試補教員研修所の教員[8]であった。彼らは，学校現場と教員養成の両方を担当していることから，双方の事情やニーズを知り尽くしており，教育改革で生じた現場のニーズに対してミステリーを用いてこれに応えた。また，それを教材化して雑誌で公表しつつ，教員養成課程での実践も積み重ねた結果，学校現場へと広まるにいたっている。

　また，イギリスでは当初，TTG に対する評価は高かった[9]が，方法論を重視し知識を軽視しているという批判も出ているという。ドイツではそうした TTG やミステリーに対する批判はあまり表立ってはみられていない。知識（専門知）を重視してきたドイツは，コンピテンシー志向へと転換して以降，専門知に加えて情報収集やコミュニケーションなどの汎用的コンピテンシーの育成が教育目標に付与されたが，こうした状況に照らせば，ミステリーはまさに専門知と汎用的コンピテンシーを同時に育成できる点が大きな利点である。なお，2016年，2017年には，ディールケ社より「Denken lernen mit Geographie」の改訂版と続編，さらに新版の地図学習（応用版）が立て続けに出版されており，その勢いは止まらない。

　最後に，TTG の事例は，GeoCpabilities プロジェクトにとって示唆を与えうるのだろうか。どちらも教員養成や研修への導入に積極的である点は共通している。しかし，TTG は主に学習手法として国際的に伝播し，しかも，受容国側に国内的な教育文脈上のニーズがあった。これに対して GeoCapabilities は理論や概念を重視しつつ，カリキュラムや手法（Vignette）も含め

た枠組み全体を国際的に展開しようとしているように映る。理論や概念の伝播—受容に関しては，冒頭で取り上げたウーレンヴィンケルが暗示したように，各国のその時々の教育理論や概念と競合する可能性があり，場合によっては（ドイツのように）これらが受容の障壁となるだろう。ただし，例えば概念が障壁に阻まれたとしても，Vignette 等の教材をきっかけとして受容プロセスが始まる可能性もある。引き続きその動向を注視する必要がある。

注

1 ）2015年のドイツ地理学会でランバートとともに地理教育の基調講演を行ったのが，当時アムステルダム自由大学教授でありかつ国際地理学会地理教育委員会（IGU-CGE）の共同委員長を務めていたシェーであった。彼は "Thinking Through Geography revisited" と題する講演の最中，ホールに集まった聴衆にカードを配り，その場でミステリーを実践した。

2 ）Bustin は GeoCapabilities を論じる中で，アウトプット（output）は試験成績などの学習成果，アウトカム（outcome）は知識を含むケイパビリティとしての成果と区別した（Bustin, 2019, p. 162）。一方，コンピテンシー論の場合，何を教えるかというインプット志向に対する対義語として，何ができるようになるか（Can-Do）を軸として学習を構想し実践することをアウトプット志向と表現するが，確かにそのアウトプットは測定可能である成果を前提としている。

3 ）Zentrum für schulpraktische Lehrerausbildung Siegen（2019）: Curriculum für das Fach Geographie in der fachlichen Ausbildung. https://www.zfsl.nrw.de/SGN/Seminar_GyGe/Ausbildung/Fachseminare/Geographie/Kerncurriculum_Geographie_FS_EK_Schlapka.pdf （最終閲覧日2020年 8 月31日）

4 ）Landesverband Niedersachsen im Verband Deutscher Schulgeographen（2012）: Niedersachsen im Wandel. Programm. https://www.uni-hildesheim.de/media/fb4/geographie/downloads/Schulgeographentag_Hildesheim_2012_01.pdf （最終閲覧日2020年 8 月31日）

5 ）日本地理教育学会第69回大会研究グループ会合「地球的課題をテーマとした解決志向型授業をシステム思考でつくる」（2019年 8 月23日開催）

6 ）例えば，山内洋美（2019）：ミステリー教材『黒い津波とリアス海岸』開発と実践．2019年日本地理学会秋季学術大会発表要旨集，p. 168.

7）本教材事例はゆざわジオパークの調査見学を踏まえ，ゆざわジオパークの小学生向け副読本（湯沢市ジオパーク推進協議会，2015）を参考にミステリー教材を開発したものである。調査研究費の一部には令和元年度ゆざわジオパーク学術研究等奨励補助金を利用した。

8）これまで州毎に分断された教育システムの中ではローカルな存在として姿が見えにくかったが，教育改革によるスタンダードという全州的な共通枠組みが採用されたことで活躍の場がドイツ全土へと広がり，ミステリー受容で重要な役割を果たした。教員養成が実践志向を強める中，ドイツ地理教育に対して今後より一層大きな影響力を持つと考えられる。

9）志村（2012）によれば，Leat（1998）は，「『ナショナル・カリキュラム地理（初版)』に依拠する知識を重視した画一的な地理教育傾向に抗して周囲の現場教師らと開発した」ものであり，刊行の「同年の地理学協会（GA）教材評価での金賞受賞，続編の刊行（2001年)，筆者の現地聞き取り，何れからみても評価は極めて高い」という。

文献

志村喬（2012）：イギリス中等地理教材等における原子力発電所問題・事故の扱い．2012年度日本地理学会春季学術大会発表要旨集，p.295.

高橋敬子，ホフマン・トーマス（2019）：システム思考コンピテンシーをどのようにして強化するのか？―日本の気候変動教育における学習手法「ミステリー」の可能性―．環境教育，29(2)，pp.14-23.

原田信之（2016）：ドイツの協同学習の実像．原田信之著『ドイツの協同学習と汎用的能力の育成』，あいり出版，pp.91-140.

山本隆太（2016）：地理学習におけるシステム思考を用いたコンピテンシー開発論に関する一考察―学問研究と教科教育の架橋―．教育と研究，34，89-106.

湯沢市ジオパーク推進協議会（2015）：『見つけて知ってじまんしよう！ゆざわの大事な宝物』，35p.

Applis, S. (2014): Global Learning in a Geography Course Using the Mystery Method as an Approach to Complex Issues. *Review of International Geographical Education Online*, 4(1), pp.58-70.

Brinkmann, S. and Schöpff, S. (2013): Unterrichtsentwurf und didaktische Analyse: Mystery Methode ― zum Thema Blutdiamanten in Sierra Leone. (Hausarbeit in MA) 35p.

Bustin, R. (2019): *Geography Education's Potential and the Capability Approach.* Palgrave Macmillan, 197p.

DGfG: Deutsche Gesellschaft für Geographie (2006): *Bildungsstandards im Fach Geographie für den Mittleren Schulabschluss.* Berlin, 30p.

DGfG: Deutsche Gesellschaft für Geographie (2010): Rahmenvorgaben für die Lehrerausbildung im Fach Geographie an deutschen Universitäten und Hochschulen. 24p.

Hoffmann, T. (2012): Wie kommen Krokodile in die Sahara? Tektonische Prozesse als Ursache isolierter Habitate. *Praxis Geographie extra, Mystery － geographische Fallbeispiele entschlüsseln,* pp. 66–72.

Hoffmann, T. (2013): Globale Herausforderungen － ein Mysterium? *Praxis Geographie,* 9/2013, pp. 36–43.

Hoffmann, T. (2014): *Klimawandel in Baden-Württemberg. Unterrichtseinheit als Beitrag zur Bildung für nachhaltige Entwicklung.* Ministerium für Umwelt, Klima und Energiewirtschaft Baden-Württemberg. 93p.

Hooghuis, F., van der Schee, J. A., van der Velde, M., Imants, J. and Volman, M. (2014): The adoption of Thinking Through Geography Strategies and their impact on teaching geographical reasoning in Dutch secondary schools. *International Research in Geographical and Environmental Education,* 23(3), pp. 242–258.

Leat, D. (1998): *Thinking through geography.* Chris Kington Publishing, 128p. 未見

Leat, D. and Nichols, A. (1999): *Mysteries makes you think.* The Geographical Association. 48p.

Meyer, C. (2015): Denken lernen mit Geographie. Reinfried, S. and Haubrich, H. *Geographie unterrichten lernen.* Cornelsen, pp. 184–187.

Schuler, S. (2005): Mysterys als Lernmethode für globales Denken. Ein Beispiel zum Thema Weltmarkt für Zucker. Praxis Geographie 35(4), pp. 22–27.

Schuler, S. (2012): Denken lernen mit Mystery-Aufgaben. Praxis Geographie Extra, pp. 4–7.

Schuler, S. (2018): Mystery. Brucker, A., Haversath, H-J. and Schöps, A. (Ed.): *Geographie-Unterricht. 102 Stichworte.* Baltmannsweiler: Schneider, pp. 158–159.

Uhlenwinkel, A., Béneker, T., Gabriel, B., Tani, S. and Lambert, D. (2017): GeoCapabilities and curriculum leadership: balancing the priorities of aim-based and knowledge-led curriculum thinking in schools. *International Research in Geographical and Environmental Education*, 26(4), pp. 327-341.

Vankan, L. and Van der Schee, J. (2004): *Leren denken met aardrijkskunde*. Stichting Omgeving en Educatie, 184p.

Vankan, L., Rohwer, G. and Schuler, S. (2007): *Diercke Methoden 1 － Denken lernen mit Geographie*. Westermann, 175p.

Wiek, A., Withycombe, L. and Redman, C. L. (2011): Key competencies in sustainability: a reference framework for academic program development. *Sustainability Science*, 6(2), pp. 203-218.

第10章
地理教科書執筆に対する著者の認識に関する国際的研究[1]
大西　宏治*

Chapter 10
An abridged translation of the paper of Jongwon *et al.*'s "A multinational study of author's perceptions of and practical approaches to writing geography textbooks"
Koji OHNISHI*

ABSTRACT

This chapter is an abridged translation of Jongwon *et al.*'s "A multinational study of author's perceptions of and practical approaches to writing geography textbooks" and it explains the value of this study in Japan. This study fills a notable gap in existing geography textbook research by focusing on the author, rather than the content, of geography textbooks, delineating their perceptions of the writing process and its objectives. This investigation gathered 71 authors of elementary and secondary education geography textbook from 7 countries on 5 continents. Even though these authors had different cultural contexts, they recognized common values and disciplines. The authors sought to enable students to develop (1) geographical perspectives, knowledge, and skills; (2) informed attitudes about the world when learning in real-world contexts; and (3) the ability to make connections with everyday life. Arguably, authors perceive their role as creating a geography curriculum through textbooks. In Japan, there is a system of school textbook authorization, and authors depend on this system's guidelines. Despite this limitation, they present similar geography concepts and perspectives as other countries' authors.

---

*富山大学　University of Toyama

1．問題の所在

　初等中等教育の地理の教科書では主題をどのように表現して伝えるのか，取り上げる地理的トピックや場所をどうするか，説明文をどのように理解させるか，場所や主題を説明するのに最も適切なケーススタディはどこなのか，地図の範囲をどうするのか，などは著者によって決定される。生徒の年齢や出版社の制約など，教科書の内容に影響するものもある。著者はこれらの課題に直面するものの，専門知識は教科書の作成と作成の基本となる。

　この研究の目的は，7カ国の地理の教科書執筆者の認識について実践的なアプローチで比較することである。韓国，日本，オランダ，ドイツ，オーストラリア，南アフリカ，および米国の地理教育者に対する各国語での調査が行われた。それらの国で，小中学生向けに書かれている地理の教科書とその執筆者を通じて検討する。この研究は，著者のうちの2名の研究がもとになっている（Lee and Catling, 2016, 2017；Catling and Lee, 2017）。

2．教科書研究と著者の認識

　地理教科書に関する研究はこれまで数多く行われてきたが，それは次のような側面を検討している。

- ・教科書の内容，教科書の内容の性質と正確性
- ・カリキュラムおよび評価要件との関係
- ・教育スタイル，レイアウト，デザイン機能
- ・表現と図
- ・知覚される方法
- ・ナショナリズムと国際的な事象へのアプローチ
- ・偏見と固定観念の問題
- ・政府の意図
- ・プロパガンダと検定

・内容や事象がどのように選択され，使用されるか

　地理教科書は，Apple（2014）の言葉を借りれば，国民のアイデンティティや公式の知識の伝達などの価値の生成に関連するもので，文化的であるだけでなく，政治的なものである。というのも，特定の地域や範囲を世界の中から取り上げ，包括的かつ排他的に示しているからである。国内のことだけではなく，国境を越えた事象を説明するが，その取り上げ方はカリキュラムの関心や国家の視点も反映され変化する。また，教科書はある国では検定制度を持ち，それを通じて出版されるが，ほかの国では商業出版物であるという違いもある。

　このような教科書の研究をみても，教科書の著者の視点を調査する研究はほとんどみられない（Otto, 2018）。Lee and Catling（2016, 2017）は，英国の地理教科書の著者に教育的意図，背景にある知識，カリキュラム，地理が生徒に与える学習上の影響などの意識を調査した。そして他の国でも同じように検討することができるかという新たな課題が生まれ，本研究に取り組むことになった。

3．研究方法・内容

・調査対象者

　比較調査では，7カ国の地理教科書の著者にオンラインアンケートを実施した。韓国（12名），日本（14名），ドイツ（10名），オランダ（11名），南アフリカ（15名），オーストラリア（4名）および米国（5名）の地理教科書の著者だった。合計で71人であった。執筆者のうち小学校向けの教科書を中心に執筆しているものが27％，中学高校向けのものを中心とするものが73％であった。

・調査方法・内容

　質問は選択式の質問と自由記述で構成され，回答者の属性や地理学習の教

育的価値と地理教科書の作成に必要な知識，スキル，経験を説明する質問を
した。質問は英語から韓国語，日本語，ドイツ語，オランダ語に翻訳された。
一貫性のある内容を確保するために，調査に若干の変更が加えられた。分析
は，これらの教科書の著者の視点の特色，共通点，および相違点を特定する
ために，一定の方法で比較した（Newby, 2014）。論文中ではオーストラリア
（AU），ドイツ（DE），日本（JP），南アフリカ（ZA），韓国（SK），オランダ
（NL），および米国（US）として記載した。

4．分析結果：国際的なサンプルからの著者の認識

・価値観

　回答結果から，学習成果，学習プロセス，カリキュラムの強みという3つ
のカテゴリーが著者により注目されていた。学習成果は，地理的視点（空間
的視点，全体的視点など），知識（人間－環境関係，場所と空間，場所の感覚など），
空間的スキル（地図の読み取り，オリエンテーションスキルなど），態度（たとえ
ば，周囲への関心，世界との関連）を，評価するツールとして使用されていた。
学習プロセスは，フィールドワーク，調査，地図作成などの体験学習の機会
を持つこと，カリキュラムの強みは，日常生活とのつながり，現実世界の文
脈から学習することが強調されていた。

　学習成果は，韓国の回答者の85.7%，日本の回答者の95.8%，およびオラ
ンダの回答者の94.7%にとって重要視されていた。対照的に，ドイツと南ア
フリカの回答者は，学習プロセスを強調する傾向があった（それぞれ12.5%と
19.2%）。

　地理的視点では，米国の3人の著者は，地理的学習における独自の価値と
して空間的視点に言及した。これは，地理的な知識とスキルとともに空間的
な視点を強調し，米国の地理ナショナルスタンダードにおける空間的な視点
に重点を置いているためである（Downs and Heffron, 2012）。全体的視点は，
オランダ（69%）とドイツ（40%）の回答者により支持されている重要な視

点であり，例えばドイツからは次のような回答があった。

　　全体的視点（「システムアプローチ」）を通じて，私たちの時代の課題に対する解
　決策を発展させること（例：気候変動，人口動態の変化，環境問題，経済的および
　社会的格差 - 地域，国，世界など）[DE10][2)]

　空間的スキルには，空間能力，空間思考，空間リテラシーなど，さまざま
な用語が使用された。南アフリカの回答者の46.7%は，地理の教育と学習に
おける独自の価値として空間スキルを取り上げ，「地理は空間能力を開発す
るために独自の位置にある」[ZA2] や「問題を空間的に解決するスキル」
[ZA3] などの例を挙げていた。

　知識の中では，人間と環境の関係に触れる回答者が最も頻繁に現れた
（26%）。具体的には地理学は自然科学と人文科学を結びつけ，地球上のすべ
ての生命の影響（ポジティブとネガティブ）をカバーしている［AU4］との指
摘があった。

　学習プロセスでは，フィールドワーク，地図，または地理空間技術による
体験学習の機会が効果的で教科間をつなぐ役割もしていることが指摘された。

・**知識**

　教科書の著者が望ましいと考えた「知識」には，内容知識（content knowl-
edge：CK），教授的知識（pedagogical knowledge：PK），教授的内容知識（peda-
gogical content knowledge：PCK），カリキュラムの理解，および現代的課題や
時事問題に関する知識が含まれていた。知識，経験，スキルは切り離せない
ようにとらえられていた。

　CK は，42.2%（米国）から18.1%（日本）の範囲で，最も頻繁に取り上げ
られる専門知識である。CK には，地理的知識および地理の関連分野におけ
る最近の進歩と情報が含まれる。CK は最新の状態に保つ必要があるが，深
い理解がなければ事実情報を優先してしまい，学生の興味を引けないかもし

れないと考えたり［US2］，日本（21.4%）とアメリカ（40%）の著者は，「さまざまな地域の現代世界のさまざまな問題の知識」［JP14］と「場所とつながりについての理解を常に更新しようとしている」［US3］と重要性を強調している。

PCK については知識に基づいた創造性，推論，問題解決のスキルとして，韓国や南アフリカでは重要視されている。PK は韓国，ドイツ，オランダの著者の必修知識としてとらえられている。

・スキルと経験

著者として必要なスキルに関しては，ライティングスキルが重視された。ライティングスキルは，各学年に適した言語レベルで明確で簡潔に書くことや，地図，図，グラフ，表，写真など，さまざまな視覚的リソースを利用するリテラシーを持っていることが期待されることが必要とされた。

また，授業経験などの教育経験の必要性は 7 カ国すべてで言及され，CK に次いで 2 番目に大きな要素であった。

・著者の個人的要素・特徴

創造性，チームワークと協働も有用であるとされていた。著者の中には「主題への愛情」［AU1］などの態度の要素を強調した。

・生徒の活動のデザインの論拠

最後の質問は，教科書の著者の戦略と教科書を書くための実際的なアプローチについてであった。7 カ国の著者間で類似点があった。内容中心のアプローチ（Content-Centered approach：CC）は，教科書の著者が焦点をあててる主要なものであった。3 つの最も重要な CC 機能は，「主要な概念の習得」，「正確に現在を表現した内容」，および「バイアスの回避とステレオタイプ」であった。内容中心のアプローチは，内容知識を強調する。教科書を通じて

生徒の地理的知識を伸ばすことの重要性を示している。また，「モチベーションに重点を置く」(Emphasis on Motivation：MO)と「ラーニングプログレッションズ」(Learning Progressions：LP)も強調している。これは，「面白くて魅力的な文体」，「面白いトピック」，「使いやすい（実用性）」である，生徒を引き付け，教科書からすぐに学べるようにする必要があることを示している。他に4つの機能が含まれていた。「一貫性のある論理的な一連のアクティビティ」，「適切な語彙の等級付け」，「学習をさまざまな状況に移す演習とアプリケーションの機会の提供」，CCと認知発達(Cognitive Development：CD)に関連する。

　7カ国の間には重要な差異もあった。楽しくて面白いトピック（MO）が韓国とオランダの著者によって指摘された最も重要な特徴であった。このように，学生の興味と動機付けを強調することは，地理が多くの学習者にとって退屈で無関係な主題になっている，という長年の批判への応答として理解できる（Lee and Butt, 2014）。南アフリカの著者は，適切な言語，機会，演習を使用して学習を適用し，活動を論理的に構造化し，さまざまな活動を提供することで，学習者の「認知発達」アプローチ（CDアプローチ）をサポートする必要性を強調した。これは不平等で学習成果が現時点で低い状況での学習者の知識へのアクセスを可能にし，サポートすることに関連している。一方，南アフリカの著者にとって，「他の主題とのつながり」は重視されていなかったが，地理が歴史やほかの社会科学とあわせて一つの教科であり，あらためて接続を拡張する必要があるとは考えていないためである。

　オーストラリアの著者は，他の国よりも「地理教育の目標」(Goals of Geographical Education：GG)機能の重要性，特に「空間スキルとグラフィックリテラシーの開発」および「地域内および地域全体での作業」をより重視している。オランダでは，中等教育ではフィールドワークの実施は義務ではないが，フィールドワークスキルを補完する多数の作業を組み込んだため，「地域内および地域全体での作業」を重要視する度合いは相対的に低くなった。

5．ディスカッション：教科書著者が「カリキュラムの作り手」

　7カ国71人の回答者からは，それぞれが持つ価値観が地理教科書の知識を導くものであることが提示された。地理に関する教科の知識，教科書を使用する教師に地理カリキュラムの目標を提供し，教科書の理解および生徒の評価が含まれていた。地理教科書著者のこれらの側面は，国や著者の文脈が異なっていても，カリキュラム作成と同様に，著者による教科書の作成を特徴づけることになる。

　地理教科書のカリキュラムと関連する部分は，次の2つの方法で理解できる。(1) 学年（学齢）の主題を反映して執筆された教科書である点から理解する方法。著者は，生徒の理解をサポートすることに注目し，教師は教科書を通じて地理に関する知識を最もよく理解し，発展させている。(2) 国で設定され，仕様を満たす地理カリキュラムを提供するように構成された教科書である点から理解する方法である。これは入試や資格試験などの必要性によって影響を受ける可能性がある。著者の創造性は，その形式と出版物としての性格，必要性に応じて，制約される可能性がある。教科としての地理を探求し，生徒の理解を深めることを目的としたアプローチと活動を通じて，生徒がカリキュラムの目標を達成できるようにすることである。このことは教科書の著者が提供し，達成しようとするものである。地理教科書の著者は，学校や授業の外部の存在ではあるが，カリキュラムを作成する存在といっても良いだろう。

　地理教科書カリキュラム作成の著者の焦点は，主題，教育方法，およびそれが使用される生徒についての理解と知識の交点に現れる。この交点を支えるものは，教科書著者の意図である。著者の授業実践も含めた知識と経験，そして有益で刺激的でアクセスしやすい教科書を作成するために利用された著者の専門知識である。

　地理教科書の著者の中心的なものは地理的な視点と知識である。教科書を

書く目的は生活と未来の重要な教科である地理の理解と知識を育むことである。地球環境と人間活動が直面している問題と課題，そして環境をとらえる空間的能力から買い物や環境論争への対応などまで，日常生活における地理の役割を認識してもらいたいと著者らは考えている。地理教育の主な目的は，生徒が地理的理解を適用し，地理的に考えることができるようにすることだった（Catling and Lee, 2017）。しかし，それは単に地理的知識を発展させることではない。著者は，地図の読図などのスキルを習得し，周囲や世界への関心などの地理的態度を発達させることを促すことを期待していた。学生が教科書を使用することによって地理の広い感覚を獲得するべきであると著者は考えていた。

　地理の主題内容の知識が不可欠であるだけでなく，それを教授学的文脈で提供する必要があることから，執筆上のスキルの重要な側面は，主題の選択や主題間の関連にあるといえる。効果的に学習するための地理的コンテキストとアクティビティ，言い換えれば，教授的内容知識（PCK）が重要である。これは，フィールドワーク，地図作成，視覚および情報リテラシーなど，地理学が採用するスキルに焦点を当てた多くの著者には一致していた。

　地理の教科書が役立つためには，授業実践経験があり，授業と生徒の学習に精通していることが不可欠であると感じる著者も多かった。著者らは，執筆内容や扱う内容を生徒の日常的文脈に関連させることにより，教科に引き込みたいと考えた。さらに地理的なテーマや他の文脈と視点を通じて，生徒に世界を見る新たな方法を提示することも考えた。したがって，地理教科書の著者らは，地域，国，世界の地理の最新情報を入手し，提供する必要があると認識していた。また，デジタル学習の戦略，方法，リソース，教室に導入される新たな技術など，教育に影響を与えた開発や学習資源について情報を提供する必要があると感じていた。

　著者らにとって，教科書執筆のプロセスは，地理に関する著者の知識，教科書が対象としたトピックと，対象年齢が理解できる表現を使用してわかり

やすいテキストを提供する地理カリキュラムの作成が含まれていた。生徒の地理的学習の拡張，深化，順序付けを支援し，教師がさまざまな方法で教科書を使用するのをサポートする構造とスタイルの選択が不可欠だったとされている。地理的背景の選択では適切な事例が重要であるともされた。地理学の主題コンテンツの学習に焦点を当てることも重要であることが示され，コンテンツへの関心と生徒の接しやすさの必要性は，偏見や固定観念を避け，多様性に取り組み，学習の適用性と移転を提供するのと同様に，高く評価されていた。

6．見過ごしたことへの挑戦：教科書執筆者の認識を理解する必要性

　地理教科書の著者の視点を検討する理由の一つ目は，教科書研究において見過ごされているからである（Otto, 2018）。教科書は，生徒が教科を学習することの支援を目的に作成されている。それがどのように書かれているか，著者が教科書を書く理由，著者が達成しようとしていること，そしてその思考と執筆に影響を与えるものを理解する必要があった。教科書の内容やその他の多くについて分析することは非常に重要だが（Graves, 2001；Fuchs and Bock, 2018），教科書そのものを作成する著者の意図などを認識することが不可欠である。

　異なる教科書の著者が異なるアプローチをとる理由を理解するには，著者は何が重要だと考えているのかを捉えることが重要である。その背景，教科への愛情，生徒の学習に対する態度など教科書を書くさまざまな理由がある。生徒が課題に向き合い，考え，考えを広げていくことを支援することが重要とされる。

　異なる文脈で執筆された教科書の著者を比較することは，異なる国の状況を比較することにもなる。教科書の出版が商業的で競争力のある企業活動である国と比較して，教科について政府が検定する教科書シリーズが1つしかない国では，著者は同じように書くことはない。著者が何を書くべきかを考

えるとき，利用されることが期待される知識，思考に活用できる文脈，コンテンツ，およびケーススタディを取り上げる場所などは影響を受ける。著者の国内での限界を理解することは，国際比較研究では重要であり，執筆に際して何が共通していて，何が違いなのかを取り出すことができる。さまざまな国の著者の視点とアプローチを比較する機会は，相互の認識と知識の向上など教科書研究に深みと広がりを加えている。

7．結論と課題

　7カ国にわたる71人の地理教科書の著者を対象としたこの国際比較研究は，教科書にとって重要な役割を果たす地理教科書の著者の認識についての一定の見識を提供した。そこでは，地理に関する知識の質と深さだけでなく，地理の重要性，目的，役割を理解することも重要であった。著者は，授業経験を活用する必要があることを理解していた。特に，地理の教科書を通じて，生徒の知識を構築・編成し，関心を持たせるために執筆していた。これを実現するためには，教科書の内容を順番に並べる最善の方法を理解し，生徒がわかりやすいように語彙を適切に利用し，テキストと図表のバランスを保ち，相互に補完する必要がある。特定の地理的概念，テーマ，事例研究についての知識と理解を深めるために生徒が考える活動も織り込んでいる。著者らは，このような PCK の組み合わせを利用して，地理の教科書を通じて学習するためのカリキュラムを作成していた。このカリキュラムによって，生涯を通じて地理の主題と重要性に対する生徒の感覚を，発展させようとしてきた。

　本研究は異なる言語の著者に対して，自分の執筆教科書をもとに質問票に回答してもらっていることから，その回答を活用した研究にも自ずと限界が生じる。本研究は教科書の著者から教科書を書く目的を引き出すことが目的であった。その結果，著者の視点・地理教科書の著者としての彼らの意図が，教科書にどの程度反映されているのかを検討できなかった。

　Otto（2018）は教科書研究で教科書の著者に関して議論することは，教育

メディア研究のこの分野における「盲点」と呼んでいる。そして，この研究が発展する可能性として，著者の主題の専門知識の性質，役割を引き受ける動機などの側面があるとしている。教科書の内容や視点，スタイル，アプローチ，出版社の役割など，取り上げられることはまだまだ広がっている。教科書著者の視点から教科書執筆の意義を検討するためにも，他の研究者による取り組みが望まれる。

注

1 ）本章は Lee, Jongwon & Catling, Simon & Kidman, Gillian & Bednarz, Robert & Krause, Uwe & Arenas, Andoni & Ohnishi, Koji & Wilmot, Di & Zecha, Stefanie (2020): A multinational study of author's perceptions of and practical approaches to writing geography textbooks. *International Research in Geographical and Environmental Education*, pp. 1-21（DOI: 10.1080/10382046.2020.1743931）の抄訳である。地理教科書の執筆者の意識や地理的なことがらに関する認識，教育事情に対する認識などを質問紙から調査したものであり，韓国，日本，オランダ，ドイツ，オーストラリア，南アフリカ，および米国の７カ国を比較したものである。教科書研究はこれまで数多く進められてきたが，教科書を執筆する著者の認識を取り上げた研究は数少ない。これまでにない研究のアプローチの第一歩というべき研究だといえる。その内容を抄訳したものが本章である。

2 ）［DE10］はドイツの回答者番号10番を意味している。他国も同様の標記をする。

文献

Apple, M. (2014): *Official knowledge: Democratic Education in a Conservative Age (3rd edition)*, New York: Routledge.

Catling, S. and Lee, J. (2017): English Geography Textbook Authors' Perspectives on Developing Pupils' Geographical Knowledge and Thinking. Brooks, C., Butt, G. and Fargher, M eds, *The Power of Geographical Thinking*. Dordrecht: Springer, pp. 211-231.

Downs, R. and Heffron, S. (2012): *National Geography Standards: Geography for Life*. (2nd edition) Washington, DC: National Council for Geographic Education.

Fuchs, E. and Bock, A., eds. (2018): *The Palgrave Handbook of Textbook Studies*.

New York, NY: Palgrave Macmillan.

Graves, N. (2001): *School Textbook Research: The case of geography 1800-2000.* London: Institute of Education.

Lee, J. and Butt, J. (2014): The reform of national geography standards in South Korea - trends, challenges and responses. *International Research in Geographical and Environmental Education,* 23(1), pp. 13-24.

Lee, J. and Catling, S. (2016): Some perceptions of English geography textbook authors on writing textbooks. *International Research in Geographical and Environmental Education,* 25(1), pp. 50-67.

Lee, J. and Catling, S. (2017): What do geography textbook authors in England consider when they design content and select case studies? *International Research in Geographical and Environmental Education,* 26(4), pp. 342-356.

Newby, P. (2014): *Research Methods in Education, 2nd edition.* Abingdon: Routledge.

Otto, M. (2018): Textbook authors, authorship and author function. Fuchs, E. and Bock, A. eds. *The Palgrave Handbook of Textbook Studies.* New York: Palgrave Macmillan, pp. 95-102.

終 章
教科教員養成における国際的研修材開発プロジェクトの必要性
井田 仁康＊

Final Chapter
International training project to create teaching
materials for subject teachers
Yoshiyasu IDA＊

ABSTRACT

In many countries, the emphasis of school curricula has shifted from content to competency, as we observed in Japan over the course of our 2017–2018 study. However, Japanese classes continue to provide only superficial knowledge, abilities, and values. In addition, some researchers criticize that classes require students to think without knowledge—that is, to develop a content-less competency. In a sense, capability means a concept that includes both content and competency in a well-balanced manner. Our study in Japan aimed to provide a basis for balancing content and competency. It pointed out that students must acquire academic knowledge—in other words, powerful knowledge—that cannot be obtained in daily life. One global movement on this front is GeoCapabilities, which asserts that academic thinking depends on academic knowledge. In order to provide education that balances content and competency, subject teachers must have access to more specialized academic disciplines in university. Furthermore, professionals should develop international training in line with global trends and create teaching materials utilizing specialized powerful knowledge.

＊筑波大学 University of Tsukuba

1．日本の学習指導要領と教科教員養成

　小・中学校の学習指導要領が2017年に，そして高等学校の学習指導要領が2018年に告示された。これにより，小学校では2020年に，中学校では2021年に一斉に改訂された学習指導要領に基づき授業が実施され，高等学校では2022年の新入生から順次，新学習指導要領での授業が実施されていく。この学習指導要領の改訂では，知識理解だけでなく，思考力，課題解決に向けた学習が強調されている。今改訂の学習指導要領では，学びの中心となるのは資質・能力である。資質・能力は「何ができるようになるか」という教育の目標にかかわることで，3つの柱が示されている。まずは，「知識・技能」であり，「思考力・判断力・表現力等」であり，さらには「学びに向かう力・人間性等」である。この資質・能力を育成するための「教科・科目」がある。換言すれば，「教科・科目」が先にあるのではなく，資質・能力を育成できることを可能にする「教科・科目」が必要とされるのである。さらには，学ぶ方法としては，アクティブ・ラーニングが採用される。アクティブ・ラーニングは方法論なので「どのように学ぶか」ということになり，「主体的な学び，対話的な学び，深い学び」で示される。

　教科・科目を中心とした観点からみると，例えば「地理では，どのような資質・能力を育成できるか」「地理で育成できる資質・能力はどのようなものか」という発想となる。しかし，今回の学習指導要領では，個々にあげた資質・能力を育成することが目的なので，「このような資質・能力を育成できる教科・科目はどういったものか」「資質・能力を育成できる教科・科目をつくるべきで，できない教科・科目はいらない」ということになる。実際問題として，新たな教科を現在のカリキュラムの中に入れ込むのは困難で，既存の教科・科目を削るのも現場の混乱をまねくので難しいが，将来的にそのようなことがないとはいえない。教科・科目独自の目標・学習内容・学習方法は維持し，その良さを受け継ぐと同時に，新しい教育観にも対応できる

教科・科目ではなくてはならず，これについては，どの教科・科目も例外で
はない。それゆえ，積極的に地理をはじめ社会科を構成する諸科目が，資
質・能力を育成するのに適した科目であることをアピールしていかなければ
ならない。

　このような，資質・能力を中核としたカリキュラムは世界的傾向といえる。
日本の資質・能力には「知識・技能」が含まれているが，世界的には，内容
中心のカリキュラムから学び方を学ぶ方法を強調するカリキュラムへシフト
し（金，2012），例えば，ドイツではコンピテンシーを重視したカリキュラム
（阪上，2018）となり，フィンランドでは全ての人が平等な機会と平等な権利
を有する社会という基本理念のもとに教育を通してその実現をめざす（植松，
2020）カリキュラムが作成され，さらにアジアでも，Tan（2017）が，シンガ
ポールでスキルを核とした教科教育がなされていることを論じている。

　日本においても今回の学習指導要領の改訂で，コンテンツ重視からコンピ
テンシーも重視したカリキュラムへと舵を切ったと言える。こうした学習指
導要領の改訂は，教科教員養成教育にどのような影響を与えるのだろう。

　日本での教員免許状取得の際には，中学校の一種免許状（学士）および高
等学校一種免許状では，教科に関する科目は，中学校の社会科では「日本史
及び外国史」，「地理学（地誌を含む。）」，「法律学，政治学」，「社会学，経済
学」，「哲学，倫理学，宗教学」から各1単位以上20単位を修得し，高等学校
地理歴史科では「日本史」，「外国史」，「人文地理学及び自然地理学」，「地
誌」から1単位以上20単位を修得しなければならない。また，公民科におい
ても，地理歴史科と同様に，「法律学（国際法を含む。），政治学（国際政治を含
む。）」「社会学，経済学（国際経済を含む。）」「哲学，倫理学，宗教学，心理
学」から各1単位以上20単位を修得することとなっている。この他に教職に
関する科目として教科の指導法を修得するが，地理を例にすると，中学校社
会科の一種の教員免許では地理に関する科目1単位を修得し，高等学校地理
歴史科の一種の教員免許でも地理に関する科目は2単位の修得で教壇にたち，

地理を教えることができる。従来の学習指導要領ではコンテンツを重視しているとはいえ，教員免許状を取得する最低修得単位数だけをみれば，大学を卒業した教師が十分な専門科目に関する知識を有しているとは限らない。そこで，教員に就いてからの研修が重要になる。一方で，学習指導要領でコンピテンシーが重視されると，教員養成教育でも教員研修でもコンピテンシーを育成しようとする授業，研修が多くなり，コンテンツ充実のための授業，研修がより一層軽視されることも危惧される。学習指導要領では，知識が軽視されているわけではない。このような学習指導要領だからこそ，コンテンツとコンピテンシーとのバランスのとれた教科教員養成教育が求められるのである。

2．コンテンツ重視とコンピテンシー重視の教育

　前述したように，海外での教育においては，たとえば井田（2005）がニュージーランドの教育がスキルやプロセスを核とした教育カリキュラムであることを紹介し，金（2018）がアメリカ，イギリスだけでなく，香港，シンガポールでも「地理的探究」に基づいた学習内容が組まれていることを紹介し，これらの国々ではコンピテンシーを重視した学習内容になっている。イギリスでは，1991年版のナショナル・カリキュラムが内容重視であったことが厳しく批判され，2000年版のナショナル・カリキュラムでは学習過程原理を極めて重視したカリキュラム開発がなされた（志村，2010）。一方で，こうしたコンピテンシーを重視した度重なるカリキュラム改訂，とりわけ2008年版がイギリスでは表層的な知識・能力・価値習得のみにとどまる授業を増加させ（志村，2018），ポルトガルでは2001年のナショナル・カリキュラムによりコンピテンシー重視となったにもかかわらず，2013年には知識重視のカリキュラムへの揺り戻しが起こった（池，2019）。

　こうした世界のカリキュラム開発の状況の中で，今回改訂された日本の学習指導要領では，「個別の知識や技能」「思考力・判断力・表現力等」「学び

に向かう力・人間性等」といった資質・能力を育成するための「教科・科目」であることがはっきり明示された。これにより2009年に告示された学習指導要領と，今回改訂された学習指導要領とでは大きく記述の仕方が異なっている。以下，井田（2020）の学習指導要領の分析にそって述べていく。

　教科に関する学習指導要領の記述は，目標，内容，内容の取扱いの項目となっているが，目標では，高等学校の地理歴史科を例とすると，2009年版の目標では「我が国及び世界の形成の歴史的過程と生活・文化の地域的特色についての理解と認識を深め」（文部科学省，2010）で始まっているのに対して，2018年版の学習指導要領では「社会的な見方・考え方を働かせ，課題を追究したり解決したりする活動を通して，広い視野に立ち」（文部科学省，2019）という文言から始まる。すなわち，2009年版が知識的側面を基盤にしているのに対して，2018年版は，思考力や課題解決的な学習方法を基盤においているといえる。

　学習指導要領の地理歴史科の目標からどのような改革がみられるのかを2点にまとめると，第1に，目標の柱書の改革があり，これについては，上述したように思考力が基盤におかれた記述になったことである。第2は，資質・能力の3つの柱が明確に目標と関わることを示したことである。さらに，高等学校では「構想」という用語を用いているが，小学校社会科，中学校社会科，高等学校「地理歴史科」「公民科」を通して，「知識ベースの社会科・地理歴史科・公民科」から「未来志向の社会科・地理歴史科・公民科」へと変革しようとしている。

　「目標」を受けて，学習指導要領の「内容」についての記述の変化もみられる。2009年度版までの学習指導要領の「内容」では，大項目のもとに，大項目で考察させたい事項および身に付けさせたい思考法（見方や考え方）が記され，さらに中項目では，それを受けてより一層具体的な内容が記される。たとえば，地理Aを例にしてみると，大項目（1）「現代世界の特色と諸課題の地理的考察」では，「世界諸地域の生活・文化及び地球的課題について，

地域性や歴史的背景を踏まえて考察し，現代世界の地理的認識を深めるとともに，地理的技能及び地理的な見方や考え方を身に付けさせる。」とあり，中項目では（イ）「世界諸地域の生活・文化を地理的環境や民族性と関連付けてとらえ，その多様性について理解させるとともに，異文化を理解し尊重することの重要性について考察させる」とある。大項目では，考察についても述べられているが理解が重視され，地理的な見方や考え方という用語は出てくるが，具体的なことについてはふれていない。また，中項目についても理解と考察が述べられているが，考察については考察の観点でなくどのような内容について考察するかといった学習内容そのものにかかわることをさし，理解させるための考察といったニュアンスに近い。

　他方，2018年度の学習指導要領での「地理総合」を例に，その「内容」を見ると，大項目についての説明はなく，中項目ごとの内容の提示となり，しかも「知識」に関することと「思考力，判断力，表現力」に関することが明瞭に区別され，思考力が重視されていることがわかる。具体的に大項目（B）「国際理解と国際協力」の中項目（1）では「場所や人間との自然環境との相互依存関係などに着目して，課題を追究したり解決したりする活動を通して，次の事項を身に付けることができるように指導する。」とある。つまり，まずは，地理的な見方・考え方という観点に着目し，分析および解釈，考察していく方向性を決めて課題を設定し，その解決のプロセスにそって学習活動を展開することが述べられ，そのうえで「ア　次のような知識を身に付けること」という項目が示される。ここで身に付ける知識は2点あり，まず（ア）「世界の人々の特色ある生活文化を基に，人々の生活文化が地理的環境から影響を受けたり，影響を与えたりして多様性をもつことや，地理的環境の変化によって変容することなどについて理解すること」と，もう1点は（イ）「世界の人々の特色ある生活文化を基に，自他の文化を尊重し国際理解を図ることの重要性などについて理解すること。」である。さらに，こうした「知識」に関することに加えて，「イ　次のような思考力，判断力，表現

力等を身に付けること。」といった資質・能力の項目が具体的に示される。ここでは「世界の人々の生活文化について，その文化が見られる場所の特徴や自然及び社会的条件との関わりなどに着目して，主題を設定して，多様性や変容の要因などを多面的・多角的に考察し，表現すること」と記され，どのような地理的な見方・考え方に着目して何を考察するかが記されるようになった。

　このように2018年に公示された学習指導要領では，地理的な見方・考え方が具体的に示され，中項目ごとに着目すべき見方・考え方が示されるようになったのである。さらに，大項目Ｃ「持続可能な地域づくりと私たち」の中項目（2）「生活圏の調査と展望」では，目標を受けて，内容に「構想」という用語が用いられ，生活圏の「現状の理解」だけでなく，課題の解決などに関わって地域を「構想」することが求められている。こうした未来志向の地理は，「地理総合」だけでなく，中学校の社会科地理的分野，高等学校選択科目となる「地理探究」で見られ，現状理解の地理から未来志向の地理へと転換している。しかし，未来志向といっても，根拠のないものではなく，現状の理解をしっかり分析し，理解し，課題を明確にし，それを解決しようとするプロセスにある未来志向である。

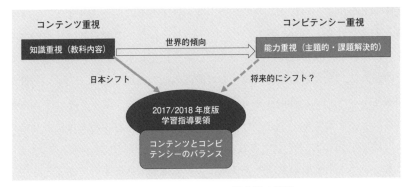

第1図　カリキュラムの傾向性の移動

　以上のように，2018年告示の日本の学習指導要領では，地理的見方・考え方に着目し，いわゆる探究型の学習指導要領にシフトはしたが，知識も重視され，知識習得の体系化の中に思考力を組み込んだという，いわばコンテンツとコンピテンシーとの両者を重視したカリキュラムとなっているといえよう（第1図）。このような日本の学習指導要領は，世界的にはコンピテンシーに移行するのは遅かったが，結果的にコンピテンシー重視の欧米の地理教育の批判を改善したものとなり，「世界最先端（1周遅れの最先端）」（井田，2018）の地理教育を実現できる素地をつくったといえる。

3．国際的研究開発プロジェクトの始動

　世界的にコンピテンシーに偏りすぎた教育に対して，新たな展開をみせたのが，ジオ・ケイパビリティのプロジェクトの始動である。ランバート（2017）は，イギリスの学校カリキュラムの未来のカリキュラムの三つの型について以下のように述べている。未来1型カリキュラムは，生徒が記憶して試験で再現することが求められるような，前もって決定されている内容を伝達することを特徴とする。それを克服するための未来2型カリキュラムは教科知識を上回る横断的な主題などを推奨し，スキルやコンピテンシーを促し，それにより創造的な学習となり，責任ある市民を育成することだとされ支持を集めた。しかし，このカリキュラムは子どもたちへの注意を払いすぎ，個人主義を助長し，「学習のファシリテーター」としての教師は学習のプロセスに注目し，なぜ教えるべきなのかという決定を放棄していると批判する。そのために，日常的には身につける可能性の低い知識である，力強い学問的知識（Powerful Disciplinary Knowledge）に基づく未来3型カリキュラムが提唱される。すなわち，ランバート（2017）は若者が能力のある市民となるためには，学問においてもたらされる知識（それは理論的であり概念的なもの）に基づいた未来3型のカリキュラムによって達成できるものであると主張している。地理における力強い学問的知識を中核としたアプローチがジオ・ケ

イパビリティである（Bustin *et al.*, 2020）。ジオ・ケイパビリティは2012年からイギリス，フィンランド，アメリカによる国際的な取り組みが始まり，Bladh（2020）によりスウェーデンでの取り組み，Maude（2020）によりオーストラリアによる取り組み，Kim *et al.*（2020）により日本における取組み等が論じられ，世界的に普及してきた。

　このように世界的な取り組みとして，ジオ・ケイパビリティのプロジェクトは広がりをみせているが，地理においては，特にコンピテンシーに偏ることなく，専門的かつ概念的な知識ともいえる Powerful Knowledge が必要とされ，それが授業を受ける将来的に社会を担う子どもたちにとって有益であると考えられる。このようなコンピテンシーとコンテンツとのバランスがとれた教科教員養成が必要とされる。特にコンテンツに関しては，日常の生活では身につけることの難しい理論的で概念的な学問知識，地理教師であれば地理学の知識の習得が必要とされ，それは教員になってからの研修制度があるとはいえ，地理学としての専門知識は大学の教員養成課程で学ばなければ，学ぶ機会はほとんどないといえよう。その意味では，教員を養成する大学や大学院における教科の専門知識を習得する機会は重要であり，講義・演習内容の充実とともに，日常では習得できない知識を得るための深い学びを確保する時間数が必要であろう。

4．むすび

　本書では，志村喬を研究代表として，ケイパビリティおよびジオ・ケイパビリティに関する研究成果をまとめた。第Ⅰ部の理論編でケイパビリティ，ジオ・ケイパビリティの概念を追究し，それを踏まえ第Ⅱ部の実践編が展開された。地理的概念知識いわば Powerful Knowledge をどう活用して地理の教材を作成していくかを具体的に展開している。これにより，さらに何を Powerful Knowledge とするかも明確になってきた。Powerful Knowledge は，活用されないと地理教育としての意味をなさない。ここにコンテンツとコン

ピテンシーのバランスの必要性が生まれてくる。コンテンツとコンピテンシーのバランスとれた地理のカリキュラム・マネージメントは，今後，地理教師が持つべきもっとも重要な資質となってくる。この実践編を通して，今後の教育教員養成のあり方について，大きな示唆を与えられたのではないだろうか。

　そして，さらに本書では，日本の取り組みだけでなく，国際的な動向を第Ⅲ部で論じた。ケイパビリティおよびジオ・ケイパビリティは，世界的な潮流となって動いている証となっている。こうしたケイパビリティおよびジオ・ケイパビリティが，さらに世界的に普及され，子どもたちにとってよりよい社会科教育，地理教育，歴史教育，公民教育が展開されることが執筆者一同の願いである。

文献

池俊介（2019）：コンピテンシー重視の教育改革と地理教育の課題—ポルトガルの経験に学ぶ—．新地理，67(3)，pp. 1-19.

井田仁康（2005）：『社会科教育と地域—基礎・基本の理論と実践—』，NSK出版.

井田仁康（2018）：地理教育を支えるための体制の整備．科学，88(2)，pp. 171-174.

井田仁康（2020）：日本の教育改革にみる資質・能力．伊藤直之研究代表『資質・能力の多様性と学際性を視点とした地理歴史授業の国際共同開発と教師への普及』，平成29（2017）年度〜令和元（2019）年度科学研究補助金基盤（B）・一般研究成果報告書，pp. 8-17.

植松希世子（2020）：フィンランドの視点から考える地理教育のグローバル化に向けた展開と課題．新地理，68(2)，pp. 66-72.

金玹辰（2012）：『地理カリキュラムの国際比較—地理的探究に基づく学習の視点から—』，学文社.

金玹辰（2018）：地理的な見方・考え方の育成と地理的探究に基づく学習．江口勇治・井田仁康・唐木清志・國分麻里・村井大介編『21世紀の教育に求められる「社会的な見方・考え方」』，帝国書院，pp. 84-93.

阪上弘彬（2018）：『ドイツ地理教育改革とESDの展開』，古今書院.

志村喬（2010）：『現代イギリス地理教育の展開—『ナショナル・カリキュラム地理』

改訂を起点とした考察―』，風間書房．

志村喬（2018）：学校教育で「持続可能な社会づくり」を実現する教員養成の在り方
　　―地理教員養成・研修をめぐる国際動向―．科学，88(2)，pp. 166-170.

文部科学省（2010）：『高等学校学習指導要領解説地理歴史編』，教育出版．

文部科学省（2019）：『高等学校学習指導要領（平成30年告示）解説地理歴史編』，東
　　洋館出版社．

ランバート，D. 広瀬悠三・志村喬訳（2017）：地理の教室では，誰が何を考えるのか？
　　―力強い学問的知識とカリキュラムの未来―．新地理，65(3)，pp. 1-15.

Bladh, G. (2020): GeoCapabilities, *Didaktical* analysis and curriculum thinking ―
　　furthering the dialogue between *Didaktik* and curriculum. *International Re-
　　search in Geographical and Environmental Education*, 29(3), pp. 206-220.

Bustin, R., Lambert, D. and Tani, S. (2020): The development of GeoCapabilities: re-
　　flections, and the spread of an idea. *International Research in Geographical
　　and Environmental Education*, 29(3), pp. 201-205.

Kim, H., Yamamoto, R, Ito, N. and Simura, T. (2020): Development of the GeoCapa-
　　bilities project in Japan: furthering international debate on the GeoCapabilities
　　project. *International Research in Geographical and Environmental Education*,
　　29(3), pp. 244-259.

Maude, A. (2020): The role of geography's concepts and powerful knowledge in a fu-
　　ture 3 curriculum. *International Research in Geographical and Environmental
　　Education*, 29(3), pp. 232-243.

Tan, Geok chin Ivy (2017): ESD in geography in Singapore. 井田仁康編『教科教育に
　　おける ESD の実践と課題―地理・歴史・公民・社会科―』，古今書院，pp. 272-
　　282.

あ と が き

　本書は，国際共同研究プロジェクト「ジオ・ケイパビリティズ（Geo-Capa-bilities）」に，科学研究費助成事業基盤研究（B）「ケイパビリティ論に基づく社会系教科教員養成・研修システムの国際共同開発と成果発信」（2017-2020年度，17H02695）をもとに参画・遂行した成果をまとめたものであり，詳しい経緯・内容は，序章に記したとおりである。

　本国際プロジェクトを主導してきたロンドン大学 IoE（教育研究院）名誉教授 D. ランバート博士からは，研究当初から様々な助言・支援を得たうえ，寄稿の序文で国際研究動向全体の中に本書を位置づけていただいた。振り返ると，国際次元では，ランバート博士を中核に英・米・フィンランドをはじめグローバルに活動しているさまざまな国の研究者と，国内次元では「ジオ・ケイパビリティズ日本チーム」に集った全国の学校の地理・社会科教員及び公益社団法人日本地理学会内の地理教育国際共同研究グループ参加者の協力を得た共同開発研究であった。多くの方々でもあり，個別にお名前を記すことはかなわないが，深く感謝申しあげる。

　なお，本書には共同研究の成果の一部しか所収できなかった。関心をもたれた読者の方は，序章はじめ各章における言及・参照をもとに，文献・webページなどをご覧いただければ幸いである。

　最後に，風間書房社長の風間敬子さん・編集担当の斎藤宗親さんには，今回も刊行にあたって大変お世話になったことを記し感謝申しあげたい。

　2021年1月

執筆者を代表して　志村　喬

執筆者紹介
所属・職位. 専門・研究分野. 主な業績

編集・執筆
志村　喬（しむら　たかし）　序章，第8章（訳），あとがき
　　上越教育大学大学院・教授. 社会科教育学・地理教育学. 『現代イギリス地理教育の展開—『ナショナル・カリキュラム地理』改訂を起点とした考察—』（風間書房，2010，単著），『教科教育における ESD の実践と課題—地理・歴史・公民・社会科—』（古今書院，2017，共著），『初等社会科教育研究』（風間書房，2019，共編著）.

執筆
伊藤　直之（いとう　なおゆき）　第1章
　　鳴門教育大学大学院・准教授. 社会科教育学・地理教育学. 『地理科地理と市民科地理の教育課程編成論比較研究—イギリスの地理教育における市民的資質育成をめぐる相克—』（風間書房，2021，単著），『教育実践学としての社会科授業研究の探求』（風間書房，2015，共著），『社会科教育の未来—理論と実践の往還—』（東進堂，2019，共編著）.

中平　一義（なかだいら　かずよし）　第2章
　　上越教育大学大学院・准教授. 社会科教育学・公民教育学. 『法教育の理論と実践—自由で公正な社会の担い手のために—』（現代人文社，2020，編著），『東アジアにおける法規範教育の構築—市民性と人権感覚に支えられた規範意識の醸成—』（風間書房，2020，共著），『初等社会科教育研究』（風間書房，2019，共編著）.

広瀬　悠三（ひろせ　ゆうぞう）　第3章
　　京都大学大学院教育学研究科・准教授. 教育哲学・教育人間学・臨床教育学. 『カントの世界市民的地理教育—人間形成論的意義の解明—』（ミネルヴァ書房，2017，単著），『信頼を考える—リヴァイアサンから人工知能まで—』（勁草書房，2018，共著），『シュタイナー教育100年—80カ国の人々を魅了する教育の宝庫—』（昭和堂，2020，共著）.

秋本　弘章（あきもと　ひろあき）　第4章

　獨協大学経済学部・教授．地理学・社会科教育学．『日本の農山村を知る－市川健夫と現代地理学』（古今書院，2020，共著），『「地理総合」ではじまる地理教育－持続可能な社会づくりを目指して－』（古今書院，2018，共著），「高等学校地理フィールドワークにおける AR と Google Maps の活用－早稲田高校における実践－」（GIS-理論と応用，26(2)，93-99，2018，共著）．

茨木　智志（いばらき　さとし）　第5章

　上越教育大学大学院・教授．社会科教育学・歴史教育学．『歴史学者と読む高校世界史－教科書記述の舞台裏－』（勁草書房，2018，共著）．*World History Teaching in Asia: A Comparative Survey*（Berkshire，2019，共著）．『初等社会科教育研究』（風間書房，2019，共編著）．

永田　成文（ながた　しげふみ）　第6章

　三重大学教育学部・教授．社会科教育学・地理教育学．『持続可能な社会と地理教育実践』（古今書院，2011，共著），『市民性を育成する地理授業の開発－「社会的論争問題学習」を視点として－』（風間書房，2013，単著），『持続可能な社会を考えるエネルギーの授業づくり』（三重大学出版会，2017，共編著）．

金　玹辰（きむ　ひょんじん）　第7章

　北海道教育大学・准教授．社会科教育学・地理教育学．『地理カリキュラムの国際比較研究－地理的探究に基づく学習の視点から－』（学文社，2012，単著），『女性の視点でつくる社会科授業』（学文社，2018，共編著），『交流史から学ぶ東アジア－食・人・歴史でつくる教材と授業実践－』（明石書店，2018，共編著）．

アリソン・キットソン（Alison, Kitson）　第8章

　UCL（ロンドン大学）教育研究院・准教授．歴史教育学・カリキュラム論・教員知識論・持続性教育論．Kitson, A., Husbands, C. and Steward, S. (2011): *Teaching and Learning History 11-18.* Maidenhead: Open University Press. Huber, J. & Kitson, A. (2020): An Exploration of the Role of Ethnic Identity in Students' Construction of 'British Stories'. *The Curriculum Journal*, 31(3), 454-478. DOI: 10.1002/curj.23. Kitson, A. (forthcoming): How helpful is the theory of Powerful Knowledge for history educators? Chapman ed. *Knowing History in Schools: powerful knowledge and the powers of knowledge.* London: UCL Press.

山本　隆太（やまもと　りゅうた）　第9章
　　静岡大学地域創造教育センター・准教授.　地理教育学・システム論.『ヨーロッパ』（朝倉書店, 2019, 共著）,『教科教育における ESD の実践と課題－地理・歴史・公民・社会科－』（古今書院, 2017, 共著・抄訳）,「空間コンセプト（Raumkonzepte）を軸としたドイツの新たな地誌学習の展開」（新地理, 65(3), 34-50, 2017）.

大西　宏治（おおにし　こうじ）　第10章
　　富山大学学術研究部人文科学系・教授.　人文地理学.『教科教育における ESD の実践と課題－地理・歴史・公民・社会科－』（古今書院, 2017, 共著）,『地理空間情報を活かす授業のための GIS 教材』（古今書院, 2017, 共著）,『大学的富山ガイド－こだわりの歩き方－』（昭和堂, 2020, 共編著）.

井田　仁康（いだ　よしやす）　終章
　　筑波大学人間系・教授.　社会科教育学・地理教育学.『社会科教育と地域－基礎・基本の理論と実践－』（NSK 出版, 2005, 単著）,『教科教育における ESD の実践と課題－地理・歴史・公民・社会科－』（古今書院, 2017, 編著）,『授業をもっと面白くする！中学校地理の雑談ネタ40』（明治図書, 2018, 単著）.

社会科教育へのケイパビリティ・アプローチ
―知識，カリキュラム，教員養成―

2021年3月31日　初版第1刷発行

編著者　　志　村　　　喬

発行者　　風　間　敬　子

発行所　　株式会社風　間　書　房

〒101-0051　東京都千代田区神田神保町 1-34
電話 03(3291)5729　FAX 03(3291)5757
振替 00110-5-1853

印刷　太平印刷社　　製本　井上製本所

©2021　Takashi Shimura　　　　　　　　　NDC 分類：375
ISBN978-4-7599-2369-8　　Printed in Japan